中共玉环市委党校志

中共玉环市委党校　编

方志出版社
Publishing House of Local Records

图书在版编目（CIP）数据

中共玉环市委党校志 / 中共玉环市委党校编. --北京：方志出版社，2022.3

ISBN 978-7-5144-5242-6

Ⅰ. ①中… Ⅱ. ①中… Ⅲ. ①中国共产党—党校—校史—玉环 Ⅳ. ①D261.41

中国版本图书馆 CIP 数据核字(2022)第 165693 号

责任编辑：丛珺
责任校对：刘玉霞
责任印制：梅中英
出 版 者：方志出版社
地　　址：北京市朝阳区潘家园东里 9 号（国家方志馆 4 层）
邮　　编：100021
网　　址：http：//www. zgfzcb. cn
发　　行：方志出版社图书营销中心（010—67110500）
印　　刷：杭州万星印务有限公司
开　　本：889 毫米×1194 毫米　1/16
印　　张：11.5　插页：1
字　　数：225 千字
版　　次：2022 年 3 月第 1 版
印　　次：2022 年 3 月第 1 次印刷
定　　价：180.00 元

2019年7月，中共玉环市委党校全景

2012年11月，玉环县重点工程广播电视中心，县委党校，环保、公路、公证服务中心集体开工仪式

2016年3月，台州市副市长肖立辉（前右一）视察玉环县委党校

2018年6月，台州市人大常委会副主任柯昕野（左一）视察玉环市委党校

2016年1月，中共玉环县委书记张加波（左一）视察玉环县委党校

2016年11月，中共玉环县委书记林先华（左二）视察玉环县委党校

2020年5月，玉环市委党校与椒江区委党校开展学习交流

2020年10月，玉环市委党校与缙云县委党校开展学习交流

2020年9月，玉环市委党校与乐清市委党校开展合作交流

2020年9月，玉环市委党校师资能力提升研讨班赴乐清市开展现场教学

2019年8月，四川茂县纪检监察干部在玉环市委党校接受培训

2020年6月，玉环市委党校干部走访企业

2007年5月，党校教职员工到陕西延安接受革命传统教育

2020年6月，玉环市委党校支部党员参加支部活动

2011年6月，教师参加台州市党校系统庆祝建党90周年文艺表演暨演讲比赛

2020年8月，党校党员参加灾后自救公益活动

①②③2019年12月，党校教师参加台州市党校系统教职工运动会

2014年12月，玉环县委组织部、县委宣传部、县直机关工委、县委党校主办的“书香玉环读书沙龙”在县机关东院1号会议室举行

2020年8月，党校开展心理辅导活动

2020年9月，党校开展情景模拟教学之“电视访谈”

①

①②2019年7月，党校
学员开展野外拓展训练

②

2019年7月，党校学员开展知识竞赛

2020年9月，党校学员开展辩论赛

2020年9月，党校学员举办微论坛

2019年8月，党校学员接受廉政教育

2020年8月，党校学员举办红色家书朗诵会

2020年9月，党校学员举行党性分析会

2019年12月，《中共玉环市委党校志》评审会合影。前排左起：戴凯、盛性毅、颜志复、陈永德、李石峻、冯秀平；后排左起：刘亚庆、林婷婷、吴加飞、陈忠义、陈时潘、潘明贤、梁勇、林永进、姚武兴、梁燕、陈萌

《中共玉环市委党校志》编委会

主　任　李灵志

副主任　盛性毅

成　员　陈忠义　曾华贵　周　丹　陈时潘

《中共玉环市委党校志》编辑部

主　编　盛性毅

副主编　陈忠义　曾华贵　周　丹　陈时潘

执　编　潘明贤（特邀）　陈忠义（兼）

协　编　陈　萌　林婷婷　梁　勇　陈　君　钟虹霞　刘亚庆

采　编　袁英祥

摄　影　黄建军　洪克强　黄静韩　章雪丽　陈　鸽

编　务　梁　燕　龚呈婷　邵佳佳

校　对　陈菊凤　张雅君

前　言

瀛门湾畔春潮涌，玉环岛上万象新。承接撤县设市和高速开通带来的幸福和激动，我们迎来了中国共产党百年华诞。在这喜庆的日子里，《中共玉环市委党校志》付梓出版。这是一件承载历史、继往开来的幸事，也是一项十分有意义的工作。

玉环，处东海之滨，得山海之利，政通人和，百业俱兴，登“百强”金榜，圆设市夙愿，昂首跨入“大桥经济”时代。透过这骄人的业绩，我们看到了淳朴的民风和昂扬的斗志，也看到了地方各级党政干部求真的品格和务实的作风。玉环市委党校是一所培训党员领导干部的学校。玉环呈现政通人和、百业俱兴的景象，离不开党校同志们的辛勤努力。

伴随着中华人民共和国第一个五年计划的酝酿，玉环县干部学校应运而生。从干部学校到党校，一直发展到今天，玉环市委党校已走过70个春秋。70年来，玉环市委党校秉承党校姓党的历史使命，致力于把党校办成培训轮训党员领导干部，培养党的理论队伍，学习、研究和宣传马克思列宁主义、毛泽东思想、邓小平理论、“三个代表”重要思想、科学发展观、习近平新时代中国特色社会主义思想的重要阵地，使之成为干部加强党性锻炼的熔炉，为加强党的建设和干部队伍建设作出了积极的贡献。70年来，玉环市委党校干部培训特色鲜明、理论宣传亮点纷呈、专题研究硕果累累、服务中心大有作为，为助推玉环经济、社会发展付出了艰辛的努力。

如今，我国进入全面建成小康社会的决胜期，我们党正在进行具有许多新的历史特点的伟大斗争，形势环境变化之快、改革发展稳定任务之重、矛盾风险挑战之多、对我们党治国理政考验之大都是前所未有的。我们党要把“四个全面”战略布局落到实处,把创新、协调、绿色、开放、共享的发展理念落到实处,实现第一个百年奋斗目标、全面建成小康社会,进而实现第二个百年奋斗目标、实现中华民族伟大复兴的中国梦,关键在于培养造就一支具有铁一般信仰、铁一般信念、铁一般纪律、铁一般担当的干部队伍。习近平总书记对党校工作提出了“三点希望”:希望党校根据时代变化和实践发展,加强理论总结和理论创新,为发展21世纪马克思主义、当代中国马克思主义作出努力;希望党校聚焦党和国家中心工作、党委和政府重大决策部署、社会热点难点问题进行深入研究,及时反映重要思想理论动态,提出有价值的对策建议;希望党校成为党和国家的重要智库。

处于新的历史节点,党校工作必须向党中央看齐,向党的理论和路线方针政策看齐,向党的决策部署看齐。自觉围绕党的工作大局,制定教学和科研规划,确定教学和科研任务,设置教学和科研内容,创新教学和科研方法,做到党叫干啥就干啥。我们相信,玉环市委党校在市委正确领导下,在各方面的关心支持下,通过全校教职员工的共同努力,在新的征程中定会取得更大的成绩。

“以史为鉴,可以知兴替;以人为鉴,可以明得失。”《中共玉环市委党校志》为广大干部群众了解党校历史提供了珍贵翔实的资料,更重要的是为当代资政、为后世存鉴,相信大家会从这本志书中获得更多的感悟和启发。

2021年3月

凡　　例

一、本志以马克思列宁主义、毛泽东思想、邓小平理论、“三个代表”重要思想、科学发展观、习近平新时代中国特色社会主义思想为指导，坚持辩证唯物主义和历史唯物主义的立场、观点和方法，遵循实事求是的科学态度和党的干部教育自身规律，力求客观、真实地反映党校各个历史时期的面貌。

二、本志上限为1952年11月，下限至2018年12月。录用图片下限延至搁笔。

三、本志采用述、记、志、图、表、录等体裁，以志为主体。全志前设概述、大事记，分组织机构、队伍建设、干部培训、学历教育、科研咨政、基层宣讲、后勤保障7章及附录，章内设节、目，以历史发展脉络为经，横排竖写。

四、志中数量使用阿拉伯数字和国际通用公制单位，采用公元纪年。

五、本志采集的信息和统计数据以档案资料和相关史志为准，个别参考总结汇报和亲历者口述。

六、地名和行政区域使用当时名称，括注志书下限时名称。较长的单位或组织名称，首次出现时括注规范简称，以下全部使用简称。

目　　录

概　述

中华人民共和国成立到1952年底，中国国民经济逐步得到恢复，为有计划地进行经济建设创造了条件。中国共产党提出了过渡时期的总路线，制定了发展国民经济第一个五年计划(1953—1957)，对国家重大建设项目、生产力分布和国民经济重要比例关系等作出了规划。为了加强党的领导，尤其是党对农村工作的领导，迫切需要培训大批干部，以适应社会主义建设的需要。各地按照中央统一部署，陆续创办干部学校(简称"干校")。

1952年11月，玉环县干校创办，择址环山镇西青岭南麓仙人洞附近的关庙和东岳庙(今属玉城街道西溪社区)。1958年12月，玉环县干校改建为中共玉环县委党校(简称玉环县委党校)。1959年4月至1962年4月，中共玉环县委党校因玉环并入温岭县而撤销。1962年5月，中共玉环县委党校随玉环县建制恢复而重建。1969年5月，县委党校校舍被玉环县革命委员会占用。1973年8月，县委党校恢复日常运作。2007年5月，增挂玉环县行政学校牌子；2013年9月，增挂玉环县社会主义学校牌子。自此，形成"三校合一"格局。2016年4月，县委党校迁址玉环经济开发区。2017年5月，县委党校随玉环撤县设市改称为中共玉环市委党校(简称玉环市委党校)。

一

《县党政机关三定工作实施意见》明确县委党校为县委直属单位，是县委直接领导下培养党员领导干部和理论骨干的学校，主要职责是：按照上级的部署和要求，完整准确地宣传马列主义、毛泽东思想、邓小平理论和党的路线、方针、政策；围绕县委、县政府各个时期的中心任务和工作重点开展宣传活动；做好各级党员领导干部、中青年党员领导干部的轮训、培训工作，培训理论骨干；协同组织人事部门，对学员在校期间进行考核考察；做好党校脱产中专班和函授大专班的学历教育工作；指导乡镇党校工作；完成县委交办的其他事项。

县干校创办初始，由县委组织部部长兼任县干校校长，县委宣传部副部长兼任县干校副校长，设管理具体事务的班子。一年后改由县委副书记兼任县干校校长。20 世纪 50—60 年代，设专职校长、副校长，县委宣传部副部长兼任干校党委书记，一年后改由县委宣传部部长兼任县干校党委书记。中共十一届三中全会后，县委书记兼任县委党校校长、党委书记，县委组织部部长（或副部长）、县委宣传部部长（或副部长）兼任县委党校副校长、党委副书记。1980 年 1 月，设专职副校长主持日常工作。1984 年 4 月，设专职校长。6 月，校长兼任党委书记。1989 年 4 月，县委党校党委撤销。1997 年 10 月，县委党校党委复建，县委副书记兼任县委党校党委书记。2001 年 9 月，县委副书记兼任县委党校校长，常务副校长为专职党委书记，主持日常工作。2016 年 7 月，改由县委组织部部长兼任县委党校校长。

县干校创办初始，设组织、教育、行政三股。1977 年 8 月，县委党校设教研室、行政科。1984 年 9 月，设教务科、行政科。1985 年 2 月，改设办公室、教研室、教务科、行政科。5 月，在教务科设刊授辅导站。1987 年 12 月，实行教师职务聘任制。1989 年 3 月，推行校务委员会制度，设办公室、教育科、行政科、函授站。2007 年 9 月，设办公室、教育科、函授站（科研室）、行政科、培训服务中心等 5 个科室。2015 年 12 月，改培训服务中心为综合服务科。2016 年 7 月，改函授站为科研室。至 2018 年，市委党校内设办公室、教育科、科研室、综合服务科、行政科；核编 19 人（参公 10 人，事业 9 人），在编 17 人，其中公务员 6 人、事业 8 人、行政工勤 3 人，编外 8 人；高级讲师 5 人，硕士研究生 6 人，专业涉及政治、经济、法律、社会等方面；机关党支部党员 18 人，退休党支部党员 11 人。

二

县（市）委党校自创办以来，将干部培训作为重中之重，按照上级要求，紧跟时代形势，结合玉环实际，坚持党课主业、改革主题、市情主导，开设主体班次，突出理论武装和党性教育，至 2018 年共举办培训近 1000 期次，受众超过 18 万人。尤其是 1988 年 5 月开始，根据中共中央《关于实现党校教育正规化的决定》，将干部教育从短期轮训为主转向正规化培训为主，由传授知识为主转到提高党员干部的马列主义理论水平、党性修养和解决实际问题工作能力为主，采取系统学习与专题教学相结合、请进来与走出去相结合的方法，做到有统一的班次、学制、课程内容、教材和考试考核制度。在培训形式上，设置专题班、轮训班、研讨班、现场教学等，注重理论与实践相结合。在教学资源上，建立健全教授专家、领导学者、党校教师和两新人才构成的层次丰富、专兼结合的师资库。尤其是近年来，通过“现场”优势发挥、“实践”热情支撑，发挥学员主体能动性，将理论武装与情景体验相互融合，以直观感受引发激情感悟，促使理性升华。在中青班培训中，多次组织学员赴各类工业园和重点工程现场观摩，围绕“大桥经济时代”“新型城市规划”“互联网＋”等热点话题开展研讨，认清玉环现状，明确发展方向，强化使命担当，提升实干能力，鼓足闯关勇气。

1985年5月，县委党校创办刊授干部中专班，拉开了干部学历教育的序幕，按照中央组织部、中央宣传部、国家教委联合下发的《关于加强干部中等专业教育的意见》要求，实行多规格、多门类、多渠道办学。1989年9月，开设中央党校函授学院专科教学点，至1997年改设省委党校函授学院专科教学点。2001年，开设中央党校函授学院本科班教学点。2012年7月，2009级大专班毕业后，县委党校学历教育结束。1985—2012年，县（市）委党校组织干部职工参加中专学历教育8期次，毕业947人；参加大专学历教育24期次，毕业1939人；参加大学本科学历教育7期次，毕业414人。

县（市）委党校注重发挥基层党校在农村党员干部教育中的主阵地作用，1986年6月着手创建乡镇党校，至1988年9月，全县实现乡镇党校全覆盖。县乡两级党校互相配合，开展形式多样的专题宣讲活动。近年来，始终围绕党中央部署的学习任务，主动投身群众路线教育、“三严三实”专题教育、“两学一做”学习教育等主题实践活动，组织教师参加县（市）委讲师团，深入部门乡镇开展宣讲。特别是步入信息化时代，借助现代信息技术，注重“线下党校”与“线上党校”同步并进。1990—2018年，县（市）委党校教师下基层宣讲1200多场次，受众超过21万人次。

三

县（市）委党校注重理论创新和社科研究，充分发挥党校人才集聚的优势，聚焦县（市）党委、政府的中心工作、重大决策部署、社会热点难点，下基层，勤调研，集民意，理思路，把党委、政府的重点部署、主攻目标列为科研工作的重点，提前谋划，主动参谋。

2002年10月，成立民情研究中心，立足决策调研，深化理论研究。2005年，“玉环现象研究”等2项课题率先列为台州市党校系统第三批课题研究规划。此后，党校教师以高涨的工作热情，连年硕果累累。至2018年，研究课题列为全省党校系统规划46项，其中获优秀成果奖7项、良好成果奖2项；被浙江省社会主义学院立项1项、浙江省社科联立项2项、浙江省哲学学会立项2项、浙江省法学会立项2项。列为台州市党校系统规划45项，其中获优秀成果奖13项；被台州市法学会立项3项、台州市社科联立项14项、台州市哲学社会科学立项1项。多篇调研文章和学术论文在全省和台州市党校系统理论研讨会上获奖，发表在《干部教育研究》《新东方》《台州社会科学》《台州论坛》《台州科技职业学院学报》《今日玉环》《玉环政研》《干部教育》等报刊上。一些建议直接进入领导决策。

党校自编《榴岛论坛》(季刊),刊出调研建议 70 多篇;自编《榴岛讲堂》(半年刊),收录名师专题课程,赠部门乡镇领导阅读。

四

2016 年 4 月,县委党校迁址玉环经济开发区,面貌焕然一新,场地宽敞,环境优美。主体建筑由教学办公楼、生活楼 2 幢主楼和 1 个报告厅组成,其间中庭相连。教学办公楼有 50—130 座各类会议室 4 个、20 座研讨室 7 个,配置教师办公室、图书阅览室、文体活动教室等若干。生活楼可容纳 300 人同时就餐,有标准房 48 个、单人房 18 个,床位 114 个。报告厅有 408 个座位。计算机、电话机、打印机等一系列办公设施全面更新,新增 LED 屏、音响影音设备等。建立干部“悦”读吧和健身室,购置跑步机、动感单车、乒乓球桌等运动器材,配置身高体重测量仪、血压计、血糖仪、BMI 指数盘等。打造“健康食堂”,严格按照“减盐减糖减油”的三减原则,提供三菜一汤午餐。

致力于信息化建设,搭建教学、科研应用平台,建设电子图书馆,网络、影音等设施具备远程课堂、自主学习功能,推出“玉环手机党校”公众号。依托红色学府网,开通 I 课堂(互动课堂),后台建立教师库和学员库,实现教务管理智能化。

大　事　记

1952 年

11 月，玉环县干部学校建立，县委副书记王寿德兼任校长。

1956 年

8 月，玉环县干部学校党委建立，县委宣传部副部长孙仲泉兼任党委书记。

1958 年

12 月，玉环县干校改建为中共玉环县委党校。

1959 年

4 月，县委党校随玉环并入温岭县而撤销。

1962 年

5 月，县委党校随玉环县建制恢复而重建。

1969 年

5 月，玉环县革命委员会成立，占用县委党校校舍，干部培训中断。

1973 年

8 月，县委党校恢复日常工作。

1974 年

7 月 12 日，县委党校党支部建立。

1977 年

8 月，县委党校始有内设科室，设教研室和行政科。

1978 年

1 月，县委党校党委复建，县委书记王作义兼任党委书记、校长。

4 月，县委党校党委副书记、副校长职数增至 3 名。县委组织部部长、县委宣传部部长、县委组织部副部长先后兼任党校副书记、副校长。

1980 年

1 月，县委党校设专职副校长，主持日常工作。

1984 年

4 月，县委党校设专职校长。6 月，校长颜志复兼任党委书记。

1985 年

2 月，县委党校内设办公室、教研室、教务科、行政科。5 月，在教务科设刊授辅导站，创办干部中专班。

2 月，县委党校建立工会筹备小组。8 月，县委党校工会成立。

9 月，随着干部中专班开办，党员人数逐步增加，分设教工党支部和学员党支部。学员党支部随 1987 年 7 月学员毕业而终止。

1986 年

5 月，随着西青岭隧道开工，县委党校校区一分为二，路东不能使用，仅留路西部分。

6 月，创建乡镇党校。至 1988 年 9 月，经过两年多时间的努力，全县各乡镇陆续建立 29 所党校。

1987 年

12 月，县委党校实行教师职务聘任制。

1988 年

5 月始，实行干部理论正规化教育，探讨社会主义建设基本问题。

7 月，县委组织部、县委宣传部、县纪律检查委员会联合组建党员教育宣讲团，宣传党的路线、方针、政策。

1989 年

3 月，县委党校推行校务委员会制度，内设办公室、教育科、行政科、函授站。

4 月，县委党校党委撤销，教工党支部隶属县机关党委。

9 月，经过全国统一考试，中共中央党校函授学院首次录取玉环 77 名在职干部职工参加政治大专班学习。

1994 年

9 月，台州市农村管理干部中等专业学校玉环县分校设立。

1995 年

4 月，台州市农村管理干部中等专业学校玉环县分校以农村干部或农村后备干部为主体，开展大规模的农村管理中等专业学历教育，分设城关、坎门、陈屿、鲜叠、楚门、清港、芦浦、沙门、龙溪、干江 10 个辅导站，招收学员 870 人，至 1997 年上半年结束，毕业 599 人。

9 月 6 日，中共中央印发《中国共产党党校工作暂行条例》，以党内法规的形式对党校的基本定位、工作方针、基本任务、领导体制、班次学制、教学、科研等作出规定。

1996 年

11 月中旬，全省函授教育工作会议在玉环召开，全校教师全身心投入服务接待工作。

1997 年

3 月，县委党校不列入县委工作机构，明确为县委直属单位，内设办公室、教育科、行政科、函授站，全额拨款事业编制 20 人。

10 月，县委党校党委复建，县委副书记兼任县委党校党委书记，原隶属于机关党委的县委党校教工党支部划归县委党校党委。

是年，采取县财政拨一部分和党校自筹一部分相结合的办法，投入 140 万元，兴建综合办公大楼，其中县财政拨款 60 万元。至 1998 年 9 月竣工并投入使用。

1999 年

9 月，台州市行政学院首次在玉环设立农村管理干部大专班教学点。

2001 年

9 月，县委副书记兼任县委党校校长，常务副校长为专职党委书记，主持日常工作。

2002 年

7 月，按照中共台州市委《关于实施“千名村支书培训工程”的通知》精神，县委党校加大对农村干部教育培训的力度。

10 月，县委党校成立民情研究中心，加强理论研究。

是年，县委党校被县电视台聘为学习党的十六大精神系列讲座特约撰稿单位。

2003 年

7 月 16 日，县委常委会专题听取党校工作汇报。会后，出台《中共玉环县委关于进一步加强和改进党校工作的若干意见》。

是年，建立中央党校远程教学接收站。

2004 年

是年，县委副书记、党校校长沈宛如率分管县长和建设、规划等部门主要领导赴长兴、常熟等地考察党校建设，研究党校迁址问题。

是年，推出理论宣传“菜单式”服务，将党校全年专题课印发到各部门各乡镇，并挂到干部教育虚拟网上，按需点课。

是年，组织学员到浙东游击队队部旧址、井冈山等革命老区参观考察，接受革命传统教育。

2005 年

2 月 4 日，县委常委会专题听取党校工作汇报，就全县干部培训计划安排、党校迁址等问题进行商讨。

8 月 16 日，县委副书记、党校校长沈宛如主持召开党校工作座谈会，提出“大教育、大培训”的要求，加快筹建玉环县行政学校和玉环县干部培训中心，力争中央党校培训部玉环培训基地早日挂牌。

是年，开创与乡镇党委政府合作举办干部学历教育新模式，在清港镇设立全市党校系统首个校外教学点。

是年，陈时潘撰写的《以科学监管观推进坎门汽摩零部件产业发展》获经济理论、管理创新与社会发展理论实践成果全国一等奖。

2006 年

是年，县财政拨款 100 多万元用于学员宿舍楼、餐厅、会议室改建装修和教学楼办公条件的改善。

2007 年

5 月，县委党校增挂玉环县行政学校牌子。

5 月 10 日，组织党员干部赴中共温岭市委党校参观考察，就服务培训工作进行双向交流。

7 月，组织党员赴三门亭旁革命老区参观慰问，党员捐款 3200 元支持亭旁起义纪念馆建设。

9 月，内设科室调整为办公室、教育科、函授站(科研室)、行政科、培训服务中心等 5 个。

10 月中旬，组织党员干部赴革命圣地延安参观学习，实地感受自力更生、艰苦奋斗的延安精神。

2008 年

10 月，中共中央颁布《中国共产党党校工作条例》，对党校的设置和领导体制、班次和学历、教学工作、科学研究工作、学员管理、队伍建设、机关党的工作、行政管理、后勤服务、经费保障以及执行与监督等问题作出规定。1995 年发布的《中国共产党党校工作暂行条例》同时废止。

2009 年

是年，开发应用发展党员上机考试系统，被县委组织部确定为全县党员发展程序的必经步骤。

2011 年

7 月，创办理论刊物《榴岛论坛》，刊登经验总结、理论心得和专题研讨文章。

同月，西青岭第二隧道工程开工，接线工程再次穿过县委党校校区，拆除会堂、办公楼、食堂三座主要用房，只留学员宿舍和教工宿舍两座用房。

2012 年

1 月，创办《领导决策参阅》，以专报形式呈送县四套班子决策参考，至 2013 年底停刊。

11 月 26 日，位于玉环经济开发区南区 BXE031－0603 地块的党校新校园动工兴建，总用地面积 13965 平方米，总建筑面积 11708 平方米。

是年，建立信息化工作领导小组，信息化工作纳入党校事业“一盘棋”。

是年，县委党校被评为2010—2012年县创先争优先进基层党组织，获台州市党校系统工作创新奖和科研优胜奖。

2013年

9月，县委党校增挂玉环县社会主义学校牌子，形成“三校合一”格局。

是年，接入浙江省宣传系统网络交流平台，开通县级机关公文阅办、廉政风险干预系统、机关党建在线管理和财政报账结算等系统。

是年，科研工作名列全省县级党校第五位，被评为全省科研组织工作先进集体。

2014年

3月，创办《榴岛讲堂》，印发名家名言，为党建、经济、社会治理等工作提供智力支持。

10月底，党校迁建主体工程交工验收，进入内部装修。

是年，定期向县管领导干部推出“读书沙龙”活动。

是年，县委出台《关于加强我县干部教育培训管理工作的意见》。

是年，获全省党校系统优秀科研工作组织奖、互学互比工作创新奖。

2015年

1月，减少编制2人。

12月，改培训服务中心为综合服务科。

同月，县委党校迁建工程全面落成，整个工程累计总投入6000多万元。

是年，推出“玉环经济”“互联网+”等结合发展热点的主旨论坛，制作、报批并上传全省党校系统5部优秀教学资源片。

2016年

4月，县委党校迁址玉环经济开发区金海大道55号。

7月，县委党校校长改由县委组织部部长兼任。改函授站为科研室，增加编制1人，满编19人。

11月，县委党校退休干部党支部建立。

是年，致力于信息化建设，搭建教学、科研应用平台，建设电子图书馆，网络、影音等设施具备远程课堂、自主学习功能，推出“玉环手机党校”公众号。

2017年

5月，县委党校随玉环撤县设市改称为中共玉环市委党校。

12月，开展健康机关创建活动，建立干部“悦”读吧和健身室，推行职工工间操活动。

是年，依托红色学府网，开通I课堂（互动课堂），后台建立教师库和学员库，实现教务管理智能化。

2018年

11月，成功承办台州市党校系统第十届教职工运动会，玉环市委党校获团体一等奖。

是年，利用实践平台，为对口扶贫单位四川省茂县和吉林省辉南县等地举办 3 期培训班，受训近 200 人。

是年，市委党校内设办公室、教育科、科研室、综合服务科、行政科；核编 19 人（参公 10 人，事业 9 人），在编 17 人，其中公务员 6 人、事业 8 人、行政工勤 3 人，编外 8 人；高级讲师 5 人，硕士研究生 6 人，专业涉及政治、经济、法律、社会等方面；机关党支部党员 18 人，退休党支部党员 11 人。

第一章　组织机构

1952年11月，玉环县干校成立。1956年8月，建立党委。1958年12月，玉环县干校改建为中共玉环县委党校。1959年4月，玉环县建制撤销，并入温岭县，党校随之撤销。1962年4月，玉环县建制恢复。5月，中共玉环县委党校恢复。“文化大革命”初期，县委及其工作机构受到严重冲击。1973年8月，县委党校恢复日常运作。2007年5月，县委党校增挂玉环县行政学校牌子。2013年9月，增挂玉环县社会主义学校牌子，形成“三校合一”格局。

第一节　行政组织

1952年11月，玉环县干校成立初期，县委副书记王寿德兼任校长，县委宣传部副部长施发逸兼任副校长；1954年12月至1958年11月，先后由叶祥土、何石文、孙仲元、尤俊章担任副主任（或主任），具体负责日常行政事务和培训工作。

1958年12月，玉环县干校改建为中共玉环县委党校，尤俊章任副校长。1959年4月，县委党校停办。1962年5月，县委党校随玉环县建制恢复而续办，张清池任副校长。8月，沈杰任校长。

“文化大革命”期间，县委党校受到严重冲击，再次停办。1973年8月，县委党校恢复日常工作，储英、邓逊复任副校长，先是储英主持工作，后由邓逊复主持工作。

1978年1月，县委书记王作义兼任县委党校校长。4—9月，增设副校长3名，分别由县委组织部部长陈则顺、县委宣传部部长黄从青、县委组织部副部长罗地夫兼任。1980年1月，县委党校副校长作了调整，刘齐兴为专职副校长，县委宣传部副部长陈启祥兼任县委党校副校长；4月，增补县委组织部部长王宏聪为县委党校副校长。

1984年4月，县委党校设专职校长，颜志复任校长，陈启祥、郑达明任副校长。1985年1月，校长暂缺，副校长陈启祥主持工作，增补陈永德为副校长。1986年11月，陈启祥任校长。1987年7月，校长暂缺，副校长陈永德主持工作。1989年3月，陈永德任校长。

1993年6月,叶冰舫任校长。

2001年9月,县委党校校长改由县委副书记兼任,设常务副校长1名、副校长2名。县委副书记李忠理兼任县委党校校长,肖加福任常务副校长,赵玉生、王德才任副校长。2004年4月,县委副书记沈宛如兼任县委党校校长。2005年11月,耿礼文任常务副校长,王德才、吴加飞、陈奇亮任副校长。2006年底,副校长调整为吴加飞、陈奇亮、李石峻。2007年3月,县委副书记金敬中兼任县委党校校长。2009年12月,县委副书记林先华兼任县委党校校长。2011年9月,副校长调整为陈时潘、李石峻。2012年3月,县委副书记朱立国兼任县委党校校长。4月,副校长调整为陈时潘、张斌。

2014年10月,县委党校校长改由县委组织部部长兼任,县委组织部部长阮聪颖兼任县委党校校长。2016年7月,县委组织部部长郑志源兼任县委党校校长,设常务副校长1名、副校长3名,耿礼文任常务副校长,陈时潘、张斌任副校长,9月增补陈忠义为副校长。2017年4月,盛性毅任常务副校长,副校长调整为陈时潘、陈忠义、曾华贵。

1952—2018年中共玉环县(市)委党校历任行政领导一览表

表1-1

校名	姓名	职务	任职时间	备注
玉环县干部学校	王寿德	校长	1952.11—1956.5	1952.9—1953.9任县委组织部部长,1953.10—1958.7任县委副书记
	施发逸	副校长	1952.11—1955.3	县委宣传部副部长兼
	叶祥土	副主任	1954.12—1955.5	
	何石文	主任	1955.5—1956.11	
	孙仲元	副主任	1956.9—1958.4	
	尤俊章	副主任	1958.7—1958.11	
玉环县委党校	尤俊章	副校长	1958.12—1959.3	
	张清治	副校长	1962.5—1962.6	
	沈杰	校长	1962.8—1969.5	
	储英	副校长	1973.8—1980.4	1973.8—1977.5主持工作
	邓逊复	副校长	1973.9—1978.9	1977.5—1978.1主持工作
	王作义	校长	1978.1—1980.10	县委书记兼
	陈则顺	副校长	1978.4—1980.4	1977.4—1979.4任县委组织部部长

续表 1－1

校　　名	姓　名	职　　务	任　职　时　间	备　　注
玉环县委党校	黄从青	副校长	1978.4—1980.4	1977.4—1980.10 任县委宣传部部长
	罗地夫	副校长	1978.9—1980.1	1979.12—1980.10 任县委组织部副部长
	陈启祥	副校长	1980.1—1986.11	1979.12—1984.3 任县委宣传部副部长，1985.1—1986.11 主持工作
		校　长	1986.11—1987.6	
	刘齐兴	副校长	1980.1—1984.4	
	王宏聪	副校长	1980.4—1984.4	1979.4—1984.1 任县委组织部部长
	颜志复	校　长	1984.4—1985.1	
	郑达明	副校长	1984.4—1986.3	
	陈永德	副校长	1985.1—1989.3	1987.7—1989.3 主持工作
		校　长	1989.3—1993.6	
	郑楚森	副校长	1989.3—1992.11	
	章开德	副校长	1990.8—1996.7	
	叶冰舫	副校长	1991.9—1993.6	
		校　长	1993.6—2001.9	
	林荣华	副校长	1993.6—1996.5	
	肖加福	副校长	1996.5—2001.9	
		常务副校长	2001.9—2005.11	
	赵玉生	副校长	1996.7—2005.11	
	李忠理	校　长	2001.9—2004.4	县委副书记兼
	王德才	副校长	2001.11—2006.10	
	沈宛如	校　长	2004.4—2007.3	县委副书记兼
	耿礼文	常务副校长	2005.11—2017.4	
	吴加飞	副校长	2005.11—2010.10	
	陈奇亮	副校长	2005.11—2011.9	
	李石峻	副校长	2006.12—2012.4	
	金敬中	校　长	2007.3—2009.12	县委副书记兼

续表 1-1

校　　名	姓　名	职　　务	任 职 时 间	备　　注
玉环县委党校	林先华	校　长	2009.12—2012.3	县委副书记兼
	陈时潘	副校长	2011.9—2017.5	
	朱立国	校　长	2012.3—2014.10	县委副书记兼
	张　斌	副校长	2012.4—2017.5	
	阮聪颖	校　长	2014.10—2016.7	县委组织部部长兼
	郑志源	校　长	2016.7—2017.5	县委组织部部长兼
	陈忠义	副校长	2016.9—2017.5	
	盛性毅	常务副校长	2017.4—2017.5	
玉环市委党校	郑志源	校　长	2017.5—	市委组织部部长兼
	盛性毅	常务副校长	2017.5—	
	陈时潘	副校长	2017.5—	
	张　斌	副校长	2017.5—2017.8	
	陈忠义	副校长	2017.5—	
	曾华贵	副校长	2017.10—	

第二节　党委组织

1956 年 8 月，玉环县干校党委建立，县委宣传部副部长孙仲泉兼任党委书记，何石文任副书记，县委办公室主任王德庆、县委组织部副部长林存廉、县委农业生产合作部副部长陈定友为党委委员，孙仲元为专职委员。1957 年 5 月，吕光雷接林存廉任党委委员。7 月，县委宣传部部长阮积鋆兼任县干校党委书记，孙仲元任副书记，县委组织部部长耿企晋、县委渔盐部部长李振旺兼任党委委员。10 月，邵小桃接耿企晋任党委委员。

1958 年 5 月，县干校不单独设立党委组织。12 月，玉环县干校改建为中共玉环县委党校。1959 年 4 月，玉环县委党校撤销，至 1962 年 5 月恢复。1978 年 1 月，县委党校党委复建，县委书记王作义兼任县委党校党委书记。4 月，陈则顺（县委组织部部长）、黄从青（县委宣传部部长）、邓逊复任县委党校副书记。9 月，县委党校党委副书记调整为陈则顺、黄从青、罗地夫（县委组织部副部长）。

1980 年 4 月，县委党校党委书记仍由县委书记王作义兼任，党委副书记职数缩减至 1 名，由县委宣传部副部长陈启祥兼任，刘齐兴、陈永德为党委委员。11 月，县委宣传部副部长陈启祥兼任县委党校党委书记，增补梁葆法为党委委员。

1984 年 6 月，颜志复任县委党校党委书记，陈启祥任副书记，郑达明、陈永德为党委委员。

1985 年 1 月，县委党校党委书记暂缺，陈启祥、陈永德任副书记，由陈启祥主持工作，郑达明为党委委员。1986 年 11 月，陈启祥任县委党校党委书记，陈永德任副书记。

1989 年 3 月，推行校务委员会制度。4 月，县委党校党委撤销。

1997 年 3 月，县委党校不列入县委工作机构，明确为县委直属单位。10 月 14 日，县委党校党委复建，县委副书记李剑飞兼任县委党校党委书记，叶冰舫任副书记，肖加福、赵玉生为党委委员。

2000 年 9 月，县委副书记李忠理兼任县委党校党委书记，叶冰舫任副书记，肖加福、赵玉生为党委委员。

2001 年 9 月，肖加福任县委党校党委书记，赵玉生为党委委员；11 月，增补王德才为党委委员。2002 年 6 月，增补吴加飞为党委委员。

2005 年 11 月，耿礼文任县委党校党委书记，王德才、吴加飞、陈奇亮为党委委员。2006 年 12 月，党委委员调整为吴加飞、陈奇亮、李石峻。2011 年 9 月，党委委员调整为李石峻、陈时潘。2012 年 4 月，党委委员调整为陈时潘、张斌。8 月，增补刘定洋为党委委员。2016 年 9 月，党委委员调整为陈时潘、张斌、陈忠义。

2017 年 4 月，盛性毅任县委党校党委书记。10 月，党委委员调整为陈时潘、陈忠义、曾华贵。

1956—2018 年中共玉环县(市)委党校历任党委领导一览表

表 1－2

校　　名	姓　名	职　　务	任 职 时 间	备　　注
玉环县干部学校	孙仲泉	书　记	1956.8—1957.7	县委宣传部副部长兼
	何石文	副书记	1956.8—1957.7	
	孙仲元	党委委员	1956.8—1957.7	
		副书记	1957.7—1958.4	
	王德庆	党委委员	1956.8—1956.11	县委办公室主任兼
	林存廉	党委委员	1956.8—1957.5	县委组织部副部长兼
	陈定友	党委委员	1956.8—1957.5	县委农业生产合作部副部长兼
	吕光雷	党委委员	1957.5—1957.7	
	阮积鋆	书　记	1957.7—1958.4	县委宣传部部长兼

续表 1－2

校　　名	姓　名	职　　务	任　职　时　间	备　　注
玉环县干部学校	耿企晋	党委委员	1957.7—1957.10	县委组织部部长兼
	李振旺	党委委员	1957.7—1958.4	县委渔盐部部长兼
	邵小桃	党委委员	1957.10—1958.4	
玉环县委党校	王作义	书　记	1978.1—1980.11	县委书记兼
	陈则顺	副书记	1978.4—1980.4	1977.4—1979.4 任县委组织部部长
	黄从青	副书记	1978.4—1980.4	1977.4—1979.4 任县委宣传部部长
	邓逊复	副书记	1978.4—1978.9	
	罗地夫	副书记	1978.9—1980.1	1979.12—1980.10 任县委组织部副部长
	陈启祥	副书记	1980.4—1980.10	1979.12—1984.3 任县委宣传部副部长
		书　记	1980.11—1984.6	
		副书记	1984.6—1986.11	
		书　记	1986.11—1987.6	
	刘齐兴	党委委员	1980.4—1984.4	
	陈永德	党委委员	1980.4—1984.12	
		副书记	1985.1—1989.3	
	梁葆法	党委委员	1980.11—1984.4	
	颜志复	书　记	1984.6—1985.1	
	郑达明	党委委员	1984.6—1986.3	
	李剑飞	书　记	1997.10—2000.9	县委副书记兼
	叶冰舫	副书记	1997.10—2001.1	
	肖加福	党委委员	1997.10—2001.9	
		书　记	2001.9—2005.11	
	赵玉生	党委委员	1997.10—2005.11	
	李忠理	书　记	2000.9—2001.9	县委副书记兼
	王德才	党委委员	2001.11—2006.10	
	吴加飞	党委委员	2002.6—2010.9	
	耿礼文	书　记	2005.11—2017.4	

续表 1－2

校名	姓名	职务	任职时间	备注
玉环县委党校	陈奇亮	党委委员	2005.11—2011.9	
	李石峻	党委委员	2006.12—2012.3	
	陈时潘	党委委员	2011.9—2017.5	
	张斌	党委委员	2012.4—2017.5	
	刘定洋	党委委员	2012.8—2016.9	
	陈忠义	党委委员	2016.9—2017.5	
	盛性毅	书记	2017.4—2017.5	
玉环市委党校	盛性毅	书记	2017.5—	
	陈时潘	党委委员	2017.5—	
	张斌	党委委员	2017.5—2017.8	
	陈忠义	党委委员	2017.5—	
	曾华贵	党委委员	2017.10—	

第三节 职能科室

1952 年 11 月，玉环县干校初创时，设组织、教育、行政三股。

1977 年，县委党校工作逐步走向正规化，设教研室和行政科。

1984 年 9 月，县委党校设教务科、行政科。李一如任教务科科长，梁葆法任行政科副科长。

1985 年 5 月，在教务科设刊授辅导站，开始招收刊授学员。

1987 年 7 月，县委党校改设办公室、教务科（刊授辅导站）、教研室、行政科 4 个科室。李一如任办公室主任；叶冰舫任教务科副科长兼刊授辅导站副主任；郑楚森任教研室主任，翁长锋任教研室副主任；梁葆法任行政科科长，蒋德任行政科副科长。

1989 年 3 月，推行校务委员会制度，内设科室改为办公室、教育科、行政科，建立函刊授站。办公室主要负责文件、资料、信件、报刊的收发、传递、档案管理和图书资料管理工作；负责制定有关规章制度，起草文件、报告、总结；负责干部人事管理、政治学习组织等工作。教育科主要负责完成教学任务，组织制定和实施教学计划（包括短训班计划），分配学习班讲课课题，组织教学人员进行教学工作，研究和交流教学经验，检查教员的教学情况，发动教学人员开展教学研究，不断改进教学方法，提高教学质量。行政科主要负责财务、物资、财产等的管理工作。函授站主要负责完成函授大中专学员的招生、教学、考核和毕业任务；负责函授学员登记、档案、学籍管理工作。李一如任办公室主任；叶冰舫任教育科科长；梁葆法任行政科科长，蒋德任行政科副科长。校长陈永德兼任函授辅导站站长，副校长郑楚森兼任函授辅导站副站长。

1993 年 9 月，李一如续任办公室主任；冯秀平任教育科副科长；林永进任行政科科长，蒋德任行政科副科长。校长叶冰舫兼任函授辅导站站长，副校长林荣华兼任函授辅导站副站长。

1995 年 3 月，吴加飞任办公室主任，蒋德任函授站副站长（负责日常工作）。1996 年 9 月，冯秀平任教育科科长。11 月，副校长肖加福兼任函授辅导站站长。

1997 年 3 月，按照《县党政机关三定工作实施意见》，县委党校内设办公室、教育科、行政科、函授站 4 个科室。

2002 年 9 月，陈忠义任办公室副主任，梁勇接任函授站副站长。

2004 年 9 月，内设科室均配齐正副职。吴加飞任办公室主任，陈时潘任办公室副主任；冯秀平任教育科科长，孔金法任教育科副科长；林永进任行政科科长，陈一林任行政科副科长；梁勇升任函授站站长，胡仙丽任函授站副站长。

2006 年 9 月，孔金法升任教育科科长，周加涛接任办公室副主任。

2007 年 9 月，县委党校改设办公室、教育科、行政科、函授站（科研室）、培训服务中心等 5 个内设科室。周加涛任办公室副主任；孔金法任教育科科长；陈一林任行政科科长，钟虹霞任行政科副科长；胡仙丽任函授站站长；梁勇任培训服务中心主任。10 月，刘定洋任教育科副科长。

2008 年 9 月，周加涛升任办公室主任，梁燕接任办公室副主任。

2011 年 9 月，刘定洋接任办公室主任，陈萌接任教育科副科长，林婷婷任函授站副站长。

2012 年 9 月，林婷婷兼任科研室副主任。

2014 年 9 月，增补陈君为函授站副站长、科研室副主任。

2015 年 12 月，改培训服务中心为综合服务科。

2016 年 7 月，函授站并入科研室，除短期延续消化原函授站有关职能外，进一步发挥科研工作的支撑，推进新型智库建设。职能科室调整为办公室、教育科、科研室、行政科、综合服务科等 5 个。梁燕任办公室副主任；陈萌任教育科副科长；林婷婷任科研室主任，陈君任科研室副主任；陈一林任行政科科长，钟虹霞任行政科副科长；梁勇任综合服务科科长。

2017 年 5 月，陈萌任教育科科长。6 月，因中层职数限制，不设办公室副主任职数。12 月，陈一林提拔使用，行政科科长职数空缺。至此，全校五大科室中层职数调整为：办公室设负责人，不占中层职数；陈萌任教育科科长；林婷婷任科研室主任，陈君任科研室副主任；钟虹霞任行政科副科长；梁勇任综合服务科科长。

第四节　校党支部

1974年7月12日，中共玉环县委党校党支部建立，储英为党支部书记，李鹤平为党支部副书记。

2017年9月，党员重温入党誓词

1978年9月，校党支部改选陈永德为党支部副书记。

1981年1月，校党支部改选刘齐兴为党支部书记。

1982年4月，校党支部改选郑达明为党支部书记。至1984年底，全校党员11人。

1985年4月，校党支部改选李一如为党支部书记。9月干部中专班开办，成立学员党支部，林存标任学员党支部书记，委员洪进锋。1987年7月学员毕业，学员党支部终止。

1989年4月，县委决定撤销县委党校党委，建立校务委员会，教工支部隶属县机关党委，党员10人。至1995年底，党员12人。

1996年11月，建立县农村干部中专班临时党支部，陈素云任党支部书记，黄仕燃任副书记，叶善弟、瞿金东为委员，党员14人。12月，校党支部改选肖加福为党支部书记，金丽萍、吴加飞为委员。

2014年8月，党支部民主生活会

1997年10月，县委党校党委复建，原隶属于机关党委的县委党校党支部划归县委党校党委。

2002年9月，校党支部改选吴加飞为党支部书记，冯秀平、金丽萍为委员。

2007年5月，校党支部改选

李石峻为党支部书记，周加涛、刘定洋为委员。

2012 年 10 月，校党支部改选刘定洋为党支部书记，陈萌、梁燕为委员。

2016 年 11 月，校党支部改选陈忠义为党支部书记，陈萌、梁燕为委员。建立退休干部党支部，赵玉生任党支部书记，陈永德、冯秀平为委员。

至 2018 年底，市委党校机关党支部党员 18 人，其中预备党员 1 人；市委党校退休党支部党员 11 人。

第五节　校工会

1985 年 2 月，玉环县委党校工会筹备小组建立，组长陈启祥，组员陈永德、李一如。8 月，党校工会成立，首届工会主席梁葆法，委员王建平、冯秀平。

1998 年 1 月，党校工会进行换届选举，第二届工会主席赵玉生，委员林永进、钟虹霞，钟虹霞兼任工会经费审查员。

2003 年 1 月，党校工会进行换届选举，第三届工会组成人员与第二届相同。

2006 年 1 月，党校工会进行换届选举，第四届工会主席陈奇亮，委员林永进、钟虹霞；工会经费审查委员会主任胡仙丽，委员林永进、钟虹霞。

2009 年 1 月，党校工会进行换届选举，第五届工会主席陈奇亮，委员陈一林、钟虹霞，工会经费审查委员会主任胡仙丽，委员陈一林、钟虹霞。是年，党校工会组织参加台州市党校系统首届教职工运动会。

2011 年，党校工会组织参加台州市党校系统第三届教职工运动会，获团体第四名。

2012 年 10 月，党校工会进行换届选举，第六届工会主席张斌，委员陈一林、钟虹霞；陈一林兼任工会经费审查委员会主任，委员林婷婷、钟虹霞。组织参加台州市党校系统第四届教职工运动会。

2013 年，组织参加台州市党校系统第五届教职工运动会。

2015 年 7 月，党校工会进行换届选举，第七届工会组成人员与第六届相同。工会组织开展“三八妇女节”“重阳节登高”等活动，邀请退休老干部参观新党校。组织参加台州市党校系统第七届教职工运动会，获团体第二名。

2016 年，组织赴杭州建德疗休养和“三八”妇女节等活动，邀请退休老干部参观新党校。

2017 年 11 月，因张斌工作调动，补选陈忠义接任第七届工会主席。校工会组织参加省委党校举办的“喜迎十九大，翰墨抒丹心”书画作品展，及台州市党校系统教职工运动会和市老干部局组织的定点投篮、乒乓球、门球、象棋等活动。结合重大节日活动，开展健步走、篮球赛、乒乓球赛、跳绳、自行车慢行、趣味运动会、爬山登高等集体性文体活动。提倡工间操，引导教职工处理好工作与健身的关系，缓解工作压力。组织体检，赴宁波疗休养。走访、慰问老干部，定期召开老干部座谈会，鼓励发挥余热，为党校各项事业发展建言献策。

2018 年，以建党 97 周年、改革开放 40 周年、国庆等重要节日纪念活动为契机，开展系列文体活动。组织参加台州市党校系统第十届教职工运动会，获团体第一名。

第二章　队伍建设

玉环县干部学校筹建初始，人事由县委组织部根据整党建党期间干部培训的需要，从相关部门抽调人员搭建管理和教学班子。1954 年 2 月，县委抽调陈昌鉴、赖金南、朱益千、张佩萱等为固定工作人员，教员聘请有关部门领导和干部担任。1984 年 9 月始，核定编制。同时，注重教师自身业务素质和政治素养的提升，在主题实践中展示优秀的政治素养，在服务基层中树立良好的社会形象。

第一节　人事编制

1984 年 9 月，县委党校教职员工编制定额 20 人，在职教职员工 20 人，其中干部 17 人、职工 3 人，至年底由职工身份转为干部 1 人。大专以上学历 8 人，高中、中专学历 8 人，初中及以下学历 4 人。

1987 年 12 月，实行教师职务聘任制，9 名专业技术人员中，陈永德、李一如、郭佩汾分别被聘为中共党史、中文、数学专业讲师，郑楚森、叶冰舫分别被聘为哲学、党建专业助理讲师，翁长锋、戴凯、冯秀平、阮勇分别被聘为中共党史、经济管理、科学社会主义、现代科技专业教员，李美素被聘为图书、资料专业助理馆员。

1989 年 9 月，在职教职员工 20 人，其中干部 17 人、职工 3 人，至年底由职工身份转为干部 1 人。大专以上学历 10 人，高中、中专学历 6 人，初中及以下学历 4 人。专业技术人员 11 人，其中讲师 3 人、助理讲师(助理馆员)3 人。

1991 年 12 月，在职教职员工 19 人，其中干部 15 人、职工 4 人。专业技术人员 10 人，其中讲师 4 人、助理讲师(助理馆员、中教二级)6 人。

1992 年 9 月，在职教职员工 20 人，其中干部 15 人、职工 5 人。

1994 年 9 月，专业技术人员 8 人，其中高级讲师 1 人、讲师 3 人、助理讲师(助理馆员、中教二级)4 人。

1995 年 1 月，专业技术人员 7 人，其中高级讲师 1 人、讲师 3 人、助理讲师(助理馆员、中教二级)3 人。12 月,专业技术人员 10 人,其中高级讲师 1 人、讲师 3 人、助理讲师(助理馆员、助理会计)6 人。

1996 年 12 月,在职教职员工 21 人,其中干部 16 人、职工 5 人。专业技术人员 11 人,其中高级讲师 1 人、讲师(中教一级)5 人、助理讲师(助理馆员、助理会计)4 人,汽车驾驶 1 人。

1997 年 3 月,根据《县党政机关三定工作实施意见》,核定县委党校全额拨款事业编制 20 名;领导职数:校长 1 名,副校长 2 名;股级干部职数 4 名。12 月,在职教职员工 19 人,其中干部 14 人、职工 5 人。专业技术人员 11 人,其中讲师(中教一级)5 人、助理讲师(助理馆员、助理会计)3 人、经济员(汽车驾驶)2 人。

1998 年 12 月,在职教职员工 20 人,其中干部 15 人、职工 5 人。专业技术人员 8 人,其中讲师(中教一级)6 人、助理会计 1 人、汽车驾驶 1 人。

1999 年 7 月,明确县委党校担任校领导职务、从事行政管理、党务工作人员和其他非教学管理岗位人员参照公务员制度管理。12 月,在职教职员工 21 人,其中行政干部 10 人、事业干部 5 人、职工 5 人。大专以上学历 11 人,高中、中专学历 9 人,初中及以下学历 1 人。专业技术人员 9 人,其中讲师(中教一级)6 人、助理会计 1 人、教员 2 人。

2002 年 12 月,在职教职员工 18 人,其中行政干部 7 人、事业干部 6 人、职工 5 人。大专以上学历 17 人,高中学历 1 人。专业技术人员 9 人,其中讲师(中教一级)6 人、助理讲师(助理会计)3 人。

2004 年 9 月,在职教职员工 17 人,其中行政干部 6 人、事业干部 5 人、职工 6 人。研究生 1 人,大学本科 9 人,大专学历 7 人。专业技术人员 9 人,其中高级讲师(中教一高级)3 人、讲师(中教一级)5 人、助理会计 1 人。

2006 年 12 月,在职教职员工 19 人,其中行政干部 8 人、事业干部 5 人、职工 6 人。研究生 1 人,大学本科 13 人,大专学历 5 人。专业技术人员 6 人,其中高级讲师 2 人、讲师(中教一级)3 人、助理会计 1 人。

2007 年 12 月,在职教职员工 19 人,其中行政干部 8 人、事业干部 5 人、职工 6 人。研究生 2 人,大学本科 13 人,大专学历 4 人。专业技术人员 7 人,其中高级讲师 2 人、讲师(中教一级)4 人、助理会计 1 人。

2008 年 12 月,在职教职员工 20 人,其中行政干部 7 人、事业干部 7 人、职工 6 人。研究生 2 人,大学本科 14 人,大专学历 4 人。专业技术人员 8 人,其中高级讲师 2 人、讲师(中教一级)5 人、助理会计 1 人。

2009 年 12 月,在职教职员工 20 人,其中行政干部 7 人、事业干部 7 人、职工 6 人。研究生 2 人,大学本科 14 人,大专学历 4 人。专业技术人员 8 人,其中高级讲师 2 人、讲师 5 人、助理会计 1 人。

2011 年 11 月，全体教职工合影

2010 年 12 月，在职教职员工 19 人，其中行政干部 6 人、事业干部 7 人、职工 6 人。研究生 2 人，大学本科 14 人，大专学历 3 人。专业技术人员 8 人，其中高级讲师 4 人、讲师 3 人、助理会计 1 人。

2011 年 12 月，在职教职员工 20 人，其中行政干部 6 人、事业干部 7 人、职工 6 人、编外 1 人。研究生 3 人，大学本科 13 人，大专学历 4 人。专业技术人员 8 人，其中高级讲师 4 人、讲师 3 人、助理会计 1 人。

2012 年 12 月，在职教职员工 19 人，其中行政干部 6 人、事业干部 7 人、职工 6 人。研究生 4 人，大学本科 12 人，大专学历 3 人。专业技术人员 7 人，其中高级讲师 5 人、讲师 2 人、助理讲师(助理会计)2 人。

2013 年，公开考录科研人才 1 人，在职教职员工 21 人，其中行政干 5 人、事业干部 8 人、职工 5 人、编外 3 人。硕士 2 人，研究生 3 人，大学本科 12 人，大专学历 3 人，高中 1 人。专业技术人员 6 人，其中高级讲师 4 人、讲师 1 人、助理会计 1 人。

2014 年，在职教职员工 16 人，其中行政干 4 人、事业干部 7 人、职工 5 人。硕士 2 人，研究生 3 人，大学本科 11 人。专业技术人员 5 人，其中高级讲师 4 人、助理会计 1 人。

2015 年，核编 18 人(参公行政管理 10 人、非参公教师 8 人)，公开招录公务员 1 名。12 月，在编 17 人，其中公务员 6 人、事业 6 人、行政工勤 5 人；编外 1 人。高级讲师 5 人，研究生 6 人，专业涉及政治、经济、法律、社会等方面。

2015 年 3 月，全体教职工考核会议

2016 年，增加全额拨款事业编制 1 人，编制 19 人。12 月，在职教职员工 23 人，在编 17 人，其中公务员 6 人、事业 6 人、行政工勤 5 人；编外 6 人，其中当年公开招聘录用 5 人。

2017 年，公开考录和选调引进教师 2 人。12 月，在职教职员工 25 人，在编 17 人，其中公务员 5 人、事业 7 人、行政工勤 5 人；编外 8 人。

2018 年，核编 19 人(参公 10 人、

事业 9 人)。12 月,在职教职员工 25 人,在编 17 人,其中公务员 6 人、事业 8 人、行政工勤 3 人;编外 8 人。高级讲师 5 人,硕士研究生 6 人。

第二节　能力提升

1952 年 11 月玉环县干部学校创办初期,选送孙仲元、胡晓华、傅世扬、赖金南、罗地富、陈水英、林崇敏等十多人赴温州专区干部学校参加学习培训。

1984 年 9 月,县委党校有 3 人经省委党校培训 1 年,1 人经地委党校培训 1 年;1 人正在参加杭州大学干部专修科(政治)学习,1 人正在参加浙江水产学院干部专修科(渔业经济管理)学习;1 人考入省委党校本科班,1 人考入地委党校大专班。

1990 年,县委党校把深入实际和外出进修有机结合起来,让绝大多数教师都有“向下深入”“向上学习”的机会,锤炼教师胜任多门学科教学的能力,实现“一专多能”目标。先后推荐 2 名教师到青马乡、田马乡担任乡长助理和科技副乡长;10 人次下乡参加县工作队;参加省委党校、中央党校函授班进修学习 3 人,其中 2 人毕业;赴南京军区和省、地党校进修学习 5 人。

1999 年,参加浙江大学研究生班学习 1 人,参加省委党校专业培训 2 人,参加省委党校函授学习 1 人,参加台州市委党校函授学习 5 人。

2001 年,参加研究生班学习 1 人,本科函授学习 2 人,大专函授学习 2 人,参加中央党校、省委党校培训学习 3 人。

2004 年,调整中层干部,1 名中层副职提拔为中层正职,4 名教职工被提拔为中层干部。

2005 年,选派 4 位教师分别到华西村考察,参加省委党校有关中共十六届五中全会精神学习培训。

2009 年,本着党校理论学习应走在各部门、各乡镇前列的指导思想,坚持和完善党委中心组理论学习和教职工理论学习制度,采取了集中学习、专题讨论、辅导讲座等多种形式,不断提高全体教职工的政治理论素养和业务水平,全年集中政治理论和业务学习 30 多次。选送 7 位教师赴中央党校、省委党校、台州市委党校学习培训。

2010 年,选派 6 位教师赴高等院校、省委党校、市委党校学习培训;选派 2 位教师到县内综合性部门实践锻炼,开阔全局视野,增强统筹意识。

2011 年,选派 9 位教师赴北京大学、国家行政学院、省委党校脱产培训;选派 1 人到县委主题教育办公室协助工作。1 人被提拔为正科级领导干部。

2012 年,选派 9 位教师赴北京大学、国家行政学院、省委党校脱产培训。1 人被提拔

2011年7月，教师参加台州行政学院师资培训

为县管干部。

2013年，选派9位教师赴中央党校、北京大学、浦东干部学院和省委党校脱产培训。

2014年，选派3位教师赴中央党校学习培训，4人次到省委党校学习，1人在县委办参加轮岗锻炼。

2015年，选派教师参加党性教育师资培训、十八届五中全会精神宣讲工作培训、理论教学骨干培训班等共计5次。

2016年，选派教师参加台州市党校系统师资培训、十八届六中全会精神师资培训、全省市县党校理论教学骨干培训班等共计5次。

2017年，选派教师参加台州市党校系统师资培训、十九大精神师资培训、省第十四次党代会精神师资培训班等10多次。

2018年，加强年轻干部培养力度，指派1名公务员参与玉环市政协社会法制民主监督小组对市行政服务中心"最多跑一次"改革工作的调研，了解"最多跑一次"改革开展情况、存在问题和群众的实际需求。

第三节　主题实践

2001年5月中旬至8月，按照县委统一部署，校领导班子和党员干部开展为期3个月的"三个代表"重要思想学习教育活动，分教育学习、对照检查、整改提高几个阶段。征求意见900条，梳理后100条。在民主生活会上，党员干部从讲政治的高度开展严肃深刻的批评和自我批评，每位班子成员撰写3000多字的自我剖析材料，校中层干部撰写2000多字的自我剖析材料，一般干部职工撰写1500字以上的自我剖析材料，查找问题，分析原因，制定切实可行的整改方案，明确今后努力方向。通过"三个代表"学习教育活动，加强了政治理论学习，提高了班子成员和教职工的政治素质与理论修养，使党校更具凝聚力和战斗力。

2002年，以"三个代表"重要思想为指导，深入扎实开展作风建设年活动，把思想政治工作落到实处，铸造新时期"党校人"的新形象。重视解决思想问题同解决实际相结合，关心群众切身利益，真正把教职工的利益维护好。加大教职工参与学校重大事项的民主管理和民主监督力度，增强队伍凝聚力。

2004 年，以效能建设为载体，进一步加强党校工作规范化、制度化建设，对党校原有的规章制度进行修正完善，修订《玉环县委党校教师工作量暂行办法》。

2005 年，按照县委统一部署，开展保持共产党员先进性教育活动，开展谈心交心，广泛征求意见，撰写个人分析材料，参加组织生活会，针对全校教职工提出的意见和建议，结合实际，制定整改方案，探索建立长效机制。

2006 年，以创建“满意机关”活动和“营造新环境，再创新优势”思想作风建设大讨论活动为载体，修订完善《理论学习制度》《考勤考核工作若干规定》《财务和校产管理制度》《教科研成果奖励规定》等制度，明确岗位职责，切实转变工作作风，主体班次培训效果良好，尤其是行政后勤工作水平有了明显提高。

2015 年 2 月，退休老干部座谈会

2008 年，以创建“文明单位”“满意机关”和“加强作风建设，狠抓工作落实”大讨论等活动为载体，确立“有为、有威、有位、有效”的工作理念，切实改进工作作风，进一步加强党校工作规范化、制度化建设，提高工作效率，各项工作进展更加有序有效。

2009 年，以学习实践科学发展观活动为契机，加强领导班子思想作风建设和党风廉政建设，校党委班子发挥“领头羊”作用，坚持民主集中制，实施校长办公会议制度和领导班子绩效公示制度。紧扣学习实践科学发展观活动和创建“人民满意机关”活动，完成一系列规定动作，形成领导班子分析检查报告，结合实际出台整改落实方案，逐个加以落实，形成有利于党校科学发展的长效机制。

2010 年，深入开展“创先争优”活动，实施公开承诺，组织“亮牌示范”活动，亮出党员身份，创建示范科室。

2011 年，把创建“台州市文明单位”作为提升全校政治素养和精神面貌的综合性项目，从严治学、从严治校，开发社会主义文化建设课程，组织、参加各类文化宣传活动，并通过学习型组织建设、“解放思想、创业创新”大讨论、党员志愿者、“心连心”支部结对与“双服务”等一系列工作，强化党员宗旨意识和文明引领意识。以组织“微型党课”演讲赛、参加文艺会演等活动，丰富党内生活，增强党的活力。举行“颂党恩、谈使命”组织生活会，梳理单位及班子廉政风险防控点 4 个，严格执行风险防控和利益回避制度，提质增效，厉行节约，最大限度压缩办公开支，节能减排有成效。

2012 年，以“拔钉破难优化服务”“三县三城联创”活动为抓手，推进各项工作的开展。落实校长办公会议制度和领导绩效公示制度，认真开展党委民主生活和党代表选举工作，增强班子的战斗力和凝聚力，强化领导班子思想作风建设和党风廉政建设，及时梳理上报廉政文本 9 份。基层党组织集中活动日正常化，“三会一课”规范化。

2015 年，践行“三严三实”要求，落实“一岗双责”，贯彻落实《中国共产党员廉洁自律准则》《中国共产党员纪律处分条例》，严格执行党风廉政建设责任制，切实承担党风廉政建设主体责任；查摆、整改存在的问题，推行“阳光整改、鉴定销号”制度，切实推进教育实践活动整改落实工作。

2016 年，依托“两学一做”学习教育，抓好党风廉政建设。采取个人自学和集中学习相结合的办法，引导党员干部深入学习《关于新形势下党内政治生活的若干准则》《中国共产党党内监督条例》等党内法规，组织观看专题教育片 5 次。梳理校党委和支部在工作中存在的不足，分别制定短板清单，分解任务，落实整改责任人，明确整改时限，确保整改成效。全体党员按党员标准对照岗位职责，罗列个人问题清单，有针对性地逐一制定整改措施。

2017 年，推进“两学一做”学习教育活动常态化、制度化，开展“新玉环新征程新跨越”解放思想大讨论。在市纪委第三纪检监察组指导下，通过党风廉政部署会、分析会、总结会，建立相应的防控措施，对前任领导进行离任审计，发现问题主动整改，做到风险定到岗、制度建到岗、责任落到岗，不断增强党员干部廉政、勤政、善政意识，建立以强化岗位为点、规范程序为线、完善制度为面、覆盖全校的廉政风险防控机制。

2018 年，启动“三型”机关创建，实施干部微讲坛和党建示范点建设，建立红色党建长廊，综合开展红色堡垒、红色传递、红色铁军、红色智囊建设活动，挖掘红色基因，形成具有自身特色的红色教育品牌。

第四节　服务基层

1990 年，县委党校承担县级部门联系基层任务，分别联系青马乡岭脚村和西滩村。为此组建 2 个小组，每小组 3 人，深入基层调查研究，帮助解决实际困难。特别是西滩村，是个贫困村，没有村级集体经济。党校派一名教师蹲点 8 个多月，帮助查问题、找原因、解难题。帮助该村争取县、乡补助 6000 元修建一条长 300 米的拖拉机路；帮助到县乡镇企业局办理相关手续，批办一家办制鞋厂；帮助落实村小学改建所需经费；发动群众在山坡开垦果树林；加固对虾养殖围塘。

1992 年，选派 5 人参加县各种工作队，组织干部职工参加县里统一安排的植树、挖河等活动。为西滩村办了八件实事，使贫困村提前一年达标，村民人均年收入由 238 元提高到 600 多元，集体经济由零增加到 1 万多元。

1999 年，派出教师参加县委、县政府组建的工作队，深入基础开展社会调查。

2001 年，选派 2 人参加县委、县政府组建的工作队，下基层为群众服务。

2002 年 10 月，成立民情研究中心，通过深入的调查研究，知民情，想对策，当好领导决策的先行官。

2018 年 7 月，校党委书记、常务副校长盛性毅（前右一）慰问老党员

2003 年，县委党校选派 2 人参加抗击“非典”工作组，指导帮助乡镇落实“非典”防治各项措施。

2004 年，选派 1 名县管干部主持县效能办日常工作，配合县委开展机关效能建设。选派 1 名中层干部到清港镇夏岭村担任农村指导员，带领村民修筑村道 994 米。

2007 年，在“作风建设年”和“坚定创业信心，弘扬创新精神”大讨论活动中，联村的党员干部自觉按照县委、县政府的要求，挨家挨户走访农户，为村民办实事。热心为贫困户争取低保补助，并捐助扶贫款；成功化解土地积案；与村两委共商发展大计，顺利完成小商品市场和菜市场的招投标工作；在新民小区建设工程诉讼案中，三上杭州终于胜诉，为村集体挽回经济损失 150 多万元；主动与贫困户结对，帮助解决实际困难；在抗台抢险和村庄建设中，务实为民，敢于担当；参与西溪社区环境卫生整治、治安联防和社区文化建设等活动，处理好与所在地干部群众的关系，体现了当代党员干部勤政为民、乐于奉献的良好精神风貌。

2011 年，抽调人员参加全县“深化完善便民服务体系”“统一战线参与社会管理创新工作”两大党建特色创新项目的日常工作，帮助基层献计出力，破解难题。

2015 年，广泛深入地开展综治、创安和法制宣传教育工作，主动承接全县平安综治相关培训教育活动，为全县平安创建活动献策献力。配合当地社区平安综治工作，参与治安巡查活动和创安专项整治、强基惠民村村帮、慈善人人捐、抗台防灾等活动。

2016 年，县委党校迁入新址后，积极配合有关部门推进老校区停车场改建工程，缓解周边居民停车难问题。

2018 年 7—8 月，选派 1 名市管干部参加玉环市行政村规模调整工作领导小组办公室工作，参与处理行政村合并涉及的相关问题。

附：

教师名录

一、在职教师

1984 年 12 月(20 人)

颜志复	陈启祥	郑达明	陈永德	王勤福
叶冰舫	林太善	冯秀平	梁葆法	林及清
王建平(女)	李一如	郭佩汾(女)	翁长锋	郑楚森
郭红霞(女)	李美素(女)	金丽平(女)	戴　凯	胡仙丽(女)

1986 年 2 月(22 人)

颜志复	陈启祥	郑达明	陈永德	王勤福
叶冰舫	林太善	冯秀平	梁葆法	林及清
王建平(女)	李一如	郭佩汾(女)	翁长锋	郑楚森
郭红霞(女)	李美素(女)	阮　勇	梁　勇	金丽平(女)
戴　凯	胡仙丽(女)			

1987 年 9 月(17 人)

陈永德	郑楚森	叶冰舫	冯秀平	蒋　德
梁葆法	林及清	王建平(女)	李一如	郭佩汾(女)
翁长锋	李美素(女)	阮　勇	梁　勇	金丽平(女)
戴　凯	胡仙丽(女)			

1989 年 12 月(20 人)

陈永德	郑楚森	叶冰舫	李一如	郭佩汾(女)
梁葆法	王建平(女)	李美素(女)	金丽平(女)	蒋　德
冯秀平	林永进	钱学土	陈定广	王天鉴
孔金法	王福明	戴　凯	梁　勇	胡仙丽(女)

1991 年 12 月(20 人)

陈永德	郑楚森	章开德	叶冰舫	李一如
郭佩汾(女)	梁葆法	李美素(女)	金丽平(女)	蒋　德
冯秀平	林永进	钱学土	王天鉴	孔金法
王福明	梁　勇	钟虹霞(女)	梁　燕(女)	胡仙丽(女)

1993 年 12 月(20 人)

叶冰舫	章开德	林荣华	陈永德	李一如

梁葆法	李美素（女）	金丽平（女）	蒋　德	冯秀平
林永进	钱学土	王天鉴	孔金法	王福明
梁　勇	胡仙丽（女）	钟虹霞（女）	梁　燕（女）	胡云萍（女）

1994 年 12 月(20 人)

叶冰舫	章开德	林荣华	陈永德	李一如
梁葆法	李美素（女）	金丽平（女）	蒋　德	冯秀平
林永进	钱学土	王天鉴	孔金法	金培智
梁　勇	胡仙丽（女）	钟虹霞（女）	梁　燕（女）	胡云萍（女）

1995 年 12 月(20 人)

叶冰舫	章开德	林荣华	陈永德	吴加飞
林永进	冯秀平	蒋　德	王天鉴	孔金法
金培智	梁葆法	李美素（女）	金丽平（女）	钱学土
梁　勇	胡仙丽（女）	钟虹霞（女）	梁　燕（女）	胡云萍（女）

1996 年 12 月(21 人)

叶冰舫	赵玉生	肖加福	陈永德	章开德
吴加飞	林永进	冯秀平	蒋　德	王天鉴
孔金法	金培智	梁葆法	李美素（女）	金丽平（女）
钱学土	梁　勇	胡仙丽（女）	钟虹霞（女）	梁　燕（女）
胡云萍（女）				

1997 年 12 月(19 人)

叶冰舫	赵玉生	肖加福	章开德	吴加飞
林永进	冯秀平	蒋　德	金丽平（女）	孔金法
张　宏	王天鉴	李美素（女）	钱学土	梁　勇
胡仙丽（女）	梁　燕（女）	钟虹霞（女）	胡云萍（女）	

1998 年 12 月(20 人)

叶冰舫	赵玉生	肖加福	章开德	吴加飞
林永进	冯秀平	蒋　德	金丽平（女）	孔金法
张　宏	陈忠义	王天鉴	李美素（女）	钱学土
梁　勇	胡仙丽（女）	梁　燕（女）	钟虹霞（女）	胡云萍（女）

1999 年 12 月(21 人)

叶冰舫	赵玉生	肖加福	章开德	吴加飞
林永进	冯秀平	蒋　德	金丽平（女）	孔金法
张　宏	陈忠义	王天鉴	李美素（女）	钱学土

梁　勇　胡仙丽(女)　梁　燕(女)　钟虹霞(女)　胡云萍(女)
陈一林

2002 年 12 月(18 人)

肖加福　赵玉生　王德才　吴加飞　章开德
冯秀平　林永进　陈忠义　梁　勇　金丽平(女)
孔金法　张　宏　王天鉴　胡仙丽(女)　钟虹霞(女)
梁　燕(女)　胡云萍(女)　陈一林

2003 年 12 月(18 人)

肖加福　赵玉生　王德才　吴加飞　章开德
冯秀平　林永进　梁　勇　陈时潘　金丽平(女)
孔金法　张　宏　王天鉴　胡仙丽(女)　钟虹霞(女)
梁　燕(女)　胡云萍(女)　陈一林

2004 年 12 月(17 人)

肖加福　赵玉生　王德才　吴加飞　冯秀平
林永进　梁　勇　陈时潘　金丽平(女)　孔金法
张　宏　王天鉴　胡仙丽(女)　钟虹霞(女)　梁　燕(女)
胡云萍(女)　陈一林

2005 年 12 月(18 人)

耿礼文　王德才　吴加飞　陈奇亮　赵玉生
冯秀平　林永进　梁　勇　陈时潘　金丽平(女)
孔金法　张　宏　王天鉴　胡仙丽(女)　钟虹霞(女)
梁　燕(女)　胡云萍(女)　陈一林

2006 年 12 月(19 人)

耿礼文　王德才　吴加飞　陈奇亮　赵玉生
冯秀平　林永进　梁　勇　周加涛　金丽平(女)
孔金法　张　宏　王天鉴　胡仙丽(女)　钟虹霞(女)
梁　燕(女)　胡云萍(女)　陈一林　刘定洋

2007 年 12 月(19 人)

耿礼文　吴加飞　陈奇亮　李石峻　赵玉生
林永进　梁　勇　周加涛　金丽平(女)　孔金法
张　宏　王天鉴　胡仙丽(女)　钟虹霞(女)　梁　燕(女)
胡云萍(女)　陈一林　刘定洋　陈　萌(女)

2008 年 12 月(20 人)

耿礼文	吴加飞	陈奇亮	李石峻	赵玉生
林永进	梁　勇	周加涛	金丽平(女)	陈　萌(女)
孔金法	张　宏	王天鉴	胡仙丽(女)	钟虹霞(女)
梁　燕(女)	胡云萍(女)	陈一林	刘定洋	林婷婷(女)

2009 年 12 月(20 人)

耿礼文	吴加飞	陈奇亮	李石峻	赵玉生
林永进	金丽平(女)	孔金法	张　宏	王天鉴
钟虹霞(女)	周加涛	刘定洋	陈　萌(女)	林婷婷(女)
梁　勇	胡云萍(女)	胡仙丽(女)	陈一林	梁　燕(女)

2010 年 12 月(19 人)

耿礼文	吴加飞	陈奇亮	李石峻	赵玉生
林永进	梁　勇	周加涛	陈　萌(女)	孔金法
张　宏	王天鉴	胡仙丽(女)	钟虹霞(女)	梁　燕(女)
胡云萍(女)	陈一林	刘定洋	林婷婷(女)	

2011 年 12 月(20 人)

耿礼文	吴加飞	陈时潘	李石峻	赵玉生
林永进	梁　勇	陈　萌(女)	孔金法	张　宏
王天鉴	胡仙丽(女)	钟虹霞(女)	梁　燕(女)	胡云萍(女)
陈一林	刘定洋	林婷婷(女)	陈　君(女)	张　勇

2012 年 12 月(19 人)

耿礼文	陈时潘	张　斌	赵玉生	吴加飞
林永进	孔金法	张　宏	王天鉴	钟虹霞(女)
陈　君(女)	刘定洋	陈　萌(女)	林婷婷(女)	梁　勇
胡云萍(女)	胡仙丽(女)	陈一林	梁　燕(女)	

2013 年 12 月(21 人)

耿礼文	陈时潘	张　斌	刘定洋	赵玉生
吴加飞	梁　燕(女)	胡云萍(女)	孔金法	张　宏
陈　萌(女)	胡仙丽(女)	林婷婷(女)	陈　君(女)	金富聪
陈一林	钟虹霞(女)	梁　勇	张　勇	吴云刚
金龙平				

2014 年 12 月(16 人)

耿礼文	陈时潘	张　斌	刘定洋	吴加飞

梁　燕(女)	胡云萍(女)	金富聪	陈　萌(女)	孔金法
林婷婷(女)	陈　君(女)	梁　勇	胡仙丽(女)	陈一林
钟虹霞(女)				

2016 年 12 月(23 人)

耿礼文	陈时潘	张　斌	陈忠义	吴加飞
梁　燕(女)	刘亚庆(女)	胡云萍(女)	戴婷婷(女)	陈　萌(女)
孔金法	金富聪	潘宇晓(女)	林婷婷(女)	陈　君(女)
王腾蛟	梁　勇	胡仙丽(女)	金龙平	尚秦威
陈一林	钟虹霞(女)	吴云刚		

2017 年 12 月(26 人)

盛性毅	陈时潘	陈忠义	曾华贵	吴加飞
梁　燕(女)	刘亚庆(女)	胡云萍(女)	戴婷婷(女)	陈　萌(女)
孔金法	金富聪	潘宇晓(女)	林婷婷(女)	陈　君(女)
王腾蛟	梁　勇	胡仙丽(女)	金龙平	尚秦威
杨聪平	吴金花(女)	陈一林	钟虹霞(女)	吴云刚
龚呈婷(女)				

2018 年 12 月(25 人)

盛性毅	陈时潘	陈忠义	曾华贵	吴加飞
梁　燕(女)	刘亚庆(女)	胡云萍(女)	龚呈婷(女)	邵佳佳(女)
黄静韩(女)	陈　萌(女)	孔金法	金富聪	潘宇晓(女)
张雅君(女)	林婷婷(女)	陈　君(女)	梁　勇	金龙平
尚秦威	杨聪平	吴金花(女)	钟虹霞(女)	吴云刚

二、离退休教师

林及清	1989 年 2 月离休	王建平(女)	1990 年 2 月退休
郭佩汾(女)	1993 年 8 月退休	李一如	1995 年 1 月退休
梁葆法	1996 年 8 月退休	陈永德	1997 年 8 月退休
钱学士	2002 年 3 月退休	李美素(女)	2002 年 4 月退休
蒋　德	2005 年 4 月退休	章开德	2006 年 1 月退休
冯秀平	2007 年 6 月退休	金丽萍(女)	2010 年 10 月退休
林永进	2013 年 1 月退休	王天鉴	2013 年 12 月退休
赵玉生	2014 年 6 月退休	张　宏	2014 年 12 月退休
胡仙丽(女)	2018 年 6 月退休		

第三章　干部培训

干部培训是党校的中心工作，做好主体班次的干部培训、轮训工作是党校工作的首要任务，是体现干部教育主阵地、主渠道的主要方面，是衡量党校办学成就的重要标准。党校（干校）自创建以来，将干部培训作为重中之重，紧紧围绕各个时期党的路线、方针、政策，组织开展干部培训工作，注重理论联系实际和学以致用。重点开设三类课：按“精”“深”标准开设必修课，即学习马克思主义基本原理，学习党的路线、方针和政策，提高领导干部的马克思主义理论水平，增强执行党的基本路线的自觉性，提高分析问题解决问题的能力；按“博”“新”标准开设选修课，学习市场经济、法治建设和现代科技等方面知识，根据不同班次有所区别，有所侧重，满足学员多层次、多方面的知识需求；按“实”“近”标准开设县情讲座课，聘请县委、县政府领导和有关部门领导及专家授课，使学员更好地了解玉环、认识玉环、研究玉环、建设玉环。

第一节　初创时期

1952 年 11 月至 1953 年 3 月，根据中央整党建党的总体部署，玉环县干部学校组织党员、团员、入党积极分子 909 人，先后举办 3 期整党建党训练班，第一期 34 天，第二期 27 天，第三期 15 天，培训内容为党的基本知识和整党建党材料。

1954—1955 年，按照“继续贯彻党在过渡时期总路线，进行农村社会主义教育”的要求，组织乡村干部、互助组骨干 4186 人，先后举办 13 期农业生产合作训练班，培训内容为过渡时期总路线、社会主义教育、农村互助合作。

1955 年 10 月上旬至 1956 年 6 月上旬，举办 2 期乡干部扫除文盲文化学习班。

1956 年 8—12 月，为提高农村党员的思想水平和政治觉悟，适应农村合作社提高巩固的需要，组织乡村党员、入党积极分子 2177 人，先后举办 5 期建党积极分子训练班，培训内容为党章和党的基本知识。

1957—1958 年，开展社会主义教育，大多干部下乡，干部集中培训期数明显减少。

1957年，温州地委派工作队进驻玉环。前排左一：王寿德，左四起：牛万龄、王权、周萍、胡维桢

1957年，组织预备党员、青年团骨干、渔区党员等2385人，举办6期集中训练，培训内容为党章、党的基本知识和农村青年团的任务。1958年，组织乡村党员干部100多人，举办为期15天的干部培训班，教学内容为社会主义理论教育。

1959年上半年，组织党员骨干821人，举办3期培训班。4月，玉环县并入温岭县后，中共玉环县委党校虽然撤销，但党员干部培训仍然继续。从1960年开始，培训内容不仅注重政治理论学习，也注重业务技术培训；培训对象从原先的混合型转向条块型。1960年，组织党员干部483人，参加中共温岭县委党校举办的干部理论学习、农林技术培训、农村党员干部培训等班次共10期。1961年，组织党员干部698人，参加中共温岭县委党校举办的工交财贸系统党员骨干、农村党员、文教干部、会计等班次训练共6期。

1962年5月，中共玉环县委党校恢复，组织农村党员骨干、渔区党员、文教卫生党员等1457人，举办8期训练班。

1963年，组织农村党员骨干、工交财贸干部、文教卫生干部、党群政法干部、共青团书记等2520人，举办12期训练班。

1964年，组织民兵骨干、工交干部、渔民、会计、农业局知青等1554人，举办8期训练班。

1965年，组织农村干部、工交财贸干部等800人，举办5期训练班。

1966年上半年，组织农业骨干、工交财贸干部、团妇干部等1000人，举办5期训练班。

“文化大革命”开始，县委党校党员干部培训停止。1969年5月，县革命委员会成立，占用县委党校校舍组织遭受斗、批、改的干部举办多期毛泽东思想学习班。

第二节 恢复时期

1973年8月，县委党校恢复日常运作。1977年6月，组织县级机关、区社机关、工交商业领导干部举办《毛泽东选集》第五卷学习会，继而又组织农村大队党支部书记等学习

《毛泽东选集》第五卷、全国五届人大会议精神等。2 期培训班共计 216 人。

1978 年，组织工交、卫生、农场、盐场领导干部，工业、宣传、财政理论骨干，妇女干部等，共计 380 人，举办 3 期训练班，学习《毛泽东选集》第五卷、党的十一大精神、《实践是检验真理的唯一标准》、全国妇女代表大会精神等。

1979 年，组织工会、妇女干部，全县小学领导骨干，农村大队党支部书记，区、社干部，卫生系统企事业单位领导等，共计 1080 人，举办 5 期训练班，学习党的十一届三中全会精神、全国五届人大二次会议精神、《实践是检验真理的唯一标准》及党的基本知识等。

1980 年，组织全县共青团支部书记、工交系统领导骨干、农村党支部书记、中小学校长、工交财贸系统负责人等，共计 676 人，举办 6 期培训班，学习党的十一届五中全会精神、《中国共产党章程》《关于党内政治生活的若干准则》、党建问题、共青团知识、企业管理等。

1981 年，组织县级机关科局级领导，经济、财政、计划、建设、教育系统干部，共青团、妇女干部，农村、渔业大队党支部书记等，共计 831 人，举办 8 期培训班，学习政治经济学、中共中央《关于进一步加强和完善农业生产责任制的几个问题》等。

1982 年，组织财贸系统干部，区、社、大队领导干部，渔业大队干部，共青团、工会干部等，共计 798 人，举办 6 期培训班，学习中共中央《关于建国以来党的若干历史问题的决议》《陈云文选》、党的十二大精神、“四坚持三热爱”、无神论等。

1983 年，组织县管干部、县级机关党员、县属基层党支部书记、区社脱产干部、教育系统党员干部、农村大队党支部书记等，共计 986 人，举办 8 期培训班，学习《中国共产党章程》《邓小平文选》《十一届三中全会以来党和国家重要文献选编》及全国六届人大一次会议精神。

1984 年，组织全县离休干部，县级机关领导干部，地管、县管干部，区、乡镇干部，共青团干部，妇女干部，财贸系统骨干等，共计 1005 人，举办 8 期培训班，学习《中共中央关于一九八四年农村工作的通知》《中共中央关于整党的决定》《1984 年政府工作报告》及有关改革开放、知识人才的文件等。

1985 年，组织县、区机关党员干部，农村宣传员，部分乡干部、厂长经理等，共计 525 人，举办 5 期培训班，学习中共中央《关于进一步活跃农村经济的十项政策》及有关党性教育、现代管理、领导科学的内容等。

1986 年，组织县、区、乡镇机关干部，共青团、妇女干部等，共计 1000 人，举办 5 期培训班，学习中共中央《关于精神文明建设的决议》。

1987 年，组织县委组织、宣传、纪检、统战系统机关干部，区、乡镇机关干部，县级机关工会干部，解放塘农场干部职工等，共计 1026 人，举办 5 期培训班，学习党的十一届三中全会以来路线、方针、政策以及有关“坚持四项基本原则，反对资产阶级自由化”的内容等。

第三节　正规化时期

1988年5月始，根据中共中央《关于实现党校教育正规化的决定》，将党校教育从短期轮训为主转向正规化培训为主，由传授知识为主转到提高党员干部的马列主义理论水平、党性修养和解决实际问题工作能力为主，采取系统学习与专题教学相结合、请进来与走出去相结合的方法，做到有统一的班次、学制、课程内容、教材和考试考核制度。组织县级部门领导干部，区、乡镇机关干部，全县工会、共青团、妇联干部，县级机关党支部书记，区、乡镇宣传委员，农村党支部书记，电力公司、解放塘农场干部职工等，共计2832人，举办11期培训班，学习党的十三大会议精神、党的十三届三中全会精神、党的基本知识及妇女工作任务、方针等。

1989年，组织县级部门领导干部、乡镇长、学校教师、入党对象、妇女干部、商业系统干部职工、解放塘农场干部职工等，共计3107人，举办8期培训班，学习党的基本知识及有关基层政权建设、“坚持四项基本原则，反对资产阶级自由化”的内容等。

1990年，集中在党校举办7期培训班，受训579人。组织县管干部举办2期马克思主义哲学培训班；组织区、乡镇行政一把手及组织、宣传、纪检、统战委员，妇女主任、共青团书记、工会干部，举办4期培训班，学习马克思主义哲学、国际共产主义运动史、中共党史、乡镇政权建设及有关岗位业务知识；组织全县离休干部举办1期形势和党史教育培训班。此外，与部门联合举办7期培训班，受训1050人。

1991年1—7月，组织县管干部，区、乡镇宣传委员，人民武装部干部，农村党支部书记等569人，举办6期培训班，贯彻党的十三届七中全会精神，学习《关于社会主义若干问题学习纲要》及有关党建理论、农村政策、科技兴农知识和人民武装知识。与部门单位联合举办培训班7期，受训884人。

1992年3月8日至12月12日，组织全县乡镇干部936人，集中在党校举办5期(每期近1个月)轮训，其中党员435人，女干部136人，35岁以下417人，经考试95%以上达到优秀，培训率居台州地区首位。同时，举办1期离休干部读书会，受训140人；举办1期全县工会干部培训班，受训100人。

1993年，共举办7期培训班和轮训班，时间均在一周以上，受训2600多人。其中培训班4期，主要对象是部分县处级领导，部委办局正副职，县管后备青年干部，部分乡镇村党支部、村委会成员。轮训班3期，参加对象是乡镇干部、党员。学习党的十四大精神、形势，建设有中国特色社会主义理论，社会主义市场经济理论，《中共中央关于建立社会主义市场经济体制若干问题的决定》，《邓小平文选》第三卷，党的基本知识等。

1994年，共举办主体班次7期，其中县管干部3期、党支部书记3期、青年妇女干部1期，受训130人。围绕用邓小平建设有中国特色社会主义理论武装全党这个主题，认真贯彻落实“学马列要精、管用”的精神。主要学习《邓小平文选》第三卷、《中共中央关于建立社会主义市场经济体制若干问题的决定》。

1995年，县委党校与县委组织部密切配合，形成“二位一体”干部培训模式。集中在党校举办8期培训班，受训共980多人，其中县管干部班3期(每期一周)、知识分子读书会1期、县管干部经济管理班3期、县“两学”师资培训班1期。教学内容和课程设置形成“一个中心”“两个重点”“三个结合”体系，即以学习邓小平建设有中国特色社会主义理论为中心，以党建理论和社会主义市场经济理论为重点，力求与本县改革开放、经济建设中出现的新情况新问题相结合，校内教学与校外考察相结合，理论知识与岗位实际相结合。

1996年，集中在党校举办7期培训班，受训共1386人，其中乡镇领导干部培训班2期、村党支部书记培训班2期、扶贫工作员培训班1期、党外人士读书会1期、知识分子读书会1期。基础课程主要有马克思主义理论、建设有中国特色社会主义理论及党的十四届五中、六中全会精神。

1997年，集中在党校举办9期培训班，受训共834人，其中乡镇领导干部岗位培训5期645人、知识分子学习培训1期60人、科技扶贫培训班1期29人、青年干部培训班1期60人、妇女干部培训班1期40人。

1998年，集中在党校举办3期培训班，受训共158人，其中青年干部培训班1期50人、企业经济管理者培训班1期50人、企业家研讨班1期58人。

1999年，完成县委干部培训教育计划9期，受训共867人，其中台湾问题学习班1期120人、领导干部研究生班1期59人、科技干部培训班1期30人、企业经营管理培训班1期202人、青年干部培训班5期456人。

2000年，集中在党校举办12期培训班，受训共2267人，其中县管领导干部培训班2期100人、领导干部研究生班1期59人、知识分子读书会1期50人、企业经营管理培训班1期58人、公务员知识更新培训班3期800人、专业科技人员知识更新培训班4期1200人。培训内容以邓小平理论，党的十五大和十五届四中、五中全会精神，“三个代表”重要思想为重点，密切联系玉环实际，开设玉环港口开发和城市化进程、中国经济与WTO、当前国际局势和台湾问题、党风廉政建设和领导艺术等课程。

2001年，完成县委干部培训教育任务9期，受训7435人，其中县级部门、乡镇一把手培训班1期120人，非公企业党建培训班1期159人，企业经理人特训班1期80人，乡镇机关干部“三个代表”重要思想培训班1期2476人，部门机关干部“三个代表”重要思想学习培训班1期1300人，公务员专业人员知识更新培训班4期3300人。

2002年，完成计划内主体班次13期，受训1544人。其中县级部门、乡镇一把手培训班1期119人，中青年干部培训班1期105人，非公企业党建培训班1期120人，各类科技人员学习培训班10期1200人。培训内容紧紧围绕邓小平理论、“三个代表”重要思想和党的十六大精神，联系玉环实际，开设非公企业党建、WTO知识、玉环区域经济发展、《领导干部选拔任用工作条例》辅导、经济发展与人口理论、党风廉政建设和领导艺术等课程。在2001年村干部岗位及学历培训的基础上，加大农村干部教育培训力度，举办3期培训班，受训210多人。同时，接待各类培训会议35场次，受训6940人。

2003年，举办县管干部培训、村支书培训、县管后备干部培训等计划内主体班次4期，受训200多人。在培训中，紧紧围绕邓小平理论、“三个代表”重要思想和党的十六大精神，联系玉环实际，开设打造先进制造业基地、海上花园快乐玉环建设、党风廉政建设和领导艺术等课程，注重理论教育的系统性和代表性。同时，充分利用现有教学资源，联合部门办学26期，受训14470人次。

2004年，举办县管干部培训、县管后备干部培训等计划内主体班次共9期，受训1200多人。教学内容上既突出理论性，又突出实用性和地方性，设置马克思主义基本理论和加强党的执政能力建设专题，同时针对玉环现代化建设的现实问题，开设玉环中等城市建设、玉环工业经济发展现状与前景等课程。教学方法上积极推行案例教学、远程教学等新方法，组织学员到法庭旁听企业告土管局行政不作为案件审理；选取沙门镇群体性事件进行剖析，培养学员驾驭复杂局面的能力；针对县管后备干部文化层次高才思敏捷的优势，组织依法治国为主题的辩论赛；利用中央党校远程教学接收站，组织观看《资本主义的发展》教学片；组织学员参观考察浙东游击队队部旧址、井冈山革命老区，接受革命传统教育。另外，举办非计划内培训27期，受训7500人次。

2005年，集中党校举办培训班6期，受训1700多人，其中县管干部培训班1期76人，全县行政执法人员知识更新培训班4期1600多人、基层妇女干部培训班1期80多人。教学内容突出时代性、实用性和地方性，开设提高执政能力、构建社会主义和谐社会，落实科学发展观、完善社会主义市场经济体制，当代科技发展及其社会影响，全面推进依法行政实施纲要，玉环经济文化，农村基层组织建设，加强党风廉政建设，全球化战略中的台湾问题及其对策研究，漫谈公共产品的供给，礼仪知识讲座，婚姻家庭与权益保护，妇女发展与构建和谐社会等课程。邀请县外专家、学者或特聘县内各部门单位专家、学者及企业家到校上课，使教学内容更加贴近学员工作实际，学有所用。采取案例教学、远程教学、“菜单式”教学等方法，提高教学效果。重视培训后的调查研究，硬性规定每位学员必须完成撰写调研文章任务，作为培训考核的依据。

2006年，举办计划内主体班次8期，受训800人。除新任公务员培训由台州市人劳局统一培训外，其余7期集中在县委党校举办。其中，县管干部培训班1期，县管后备干部培训班 1 期，非公企业家和党务工作者培训班 1 期，全县基层文化俱乐部管理人员培训班 1 期，全县基层妇女干部培训班 1 期，全县基层团干培训班 1 期、全县宣传系统干部培训班 1 期。与部门联合举办新农村建设农村干部研讨班、行政执法人员综合法律知识学习会、县医药初级专业技术人员继续教育培训会、玉环青年人才管理创新论坛、乡镇党章宣讲员培训会、县三轮农村工作指导员培训会、台州市海洋与渔业局业务知识培训会、县宗教界人士《浙江省宗教事务条例》培训会、县危险化学药品安全管理培训会、县农业普查村级指导员业务培训会、县第七期社会体育指导员培训会等 30 期，受训 4000 多人。配合县委组织部对干部虚拟学校教育教学内容进行更新，新增 12 个必修课程和 4 个选修课程。

2007 年，县委党校取消暑假法定假期，举办党政一把手培训、县管干部培训、新提任领导干部培训、县管后备干部培训等 10 个主体班次 12 期培训，受训 1325 人次。与部门联合举办各类社会培训 36 期，受训 5000 多人次。

2008 年，举办 13 个主体班次 28 期培训，受训 5000 多人。其中，以县管干部为主体，举办 3 期学习党的十七大精神轮训班、2 期综合培训班、9 期自主选学培训班；以县管后备干部为主体，举办 1 期综合培训班；以换届后村级两委主要负责人为主体，举办 1 期综合培训班、3 期国土资源法律法规知识培训班；以县级机关党务干部为主体，举办 1 期培训班；以共青团干部为主体，举办 1 期读书会；以县十三届党代会代表为主体，举办 1 期培训班；以全县非公企业党建示范企业党务工作者为主体，举办 1 期培训班；以全县事业单位法定代表人为主体，举办 1 期培训班；以全县综治干部为主体，举办 1 期综治基层基础工作业务培训班；以全县公务员为主体，举办 3 期知识更新培训班。教学内容上，在突出中国特色社会主义理论体系的同时，针对广大学员的普遍需求，力求内容新颖、角度新鲜、实效性强，增设关于民生问题及民工工作的几点思考、玉环经济形势分析、国防教育、农村社会稳定、城市规划与建设、基层政府公共行为之实证分析、浅释干部选拔任用条例、构建惩治和预防腐败体系、工作智慧和人生目标、创新思维和现代管理、公共危机处理、传统文化漫谈、文学与人生、干部修养等 50 多门课程。教学方法上，做到“两个创新、一个延续”。一是采取“菜单式”自主选学的办法；二是推行本地培训与高校培训相结合的新模式，三是尝试案例、互动、多媒体等教学手段，讲座、讨论、交流、考察、调研、拓展训练、撰写报告和文章选编相结合。同时，与部门联合举办全县污染源（工业源）普查培训会、全县非公企业工会主席培训会、县第二次经济普查县级试点动员暨业务培训会、纪念改革开放 30 周年县非公企业党建研讨会、县总工会党的十五大精神学习会等 30 多期培训，受训 4000 多人。

2009 年，按计划完成县级部门一把手、县管干部、县管后备干部、党代表、纪检监察业务骨干、乡镇办事处机关党支部书记、党务（人事）干部、村两委主要负责人、综治工作人员、非公企业党建工作者等11个主体班次20期培训，其中县管干部菜单式自主选学培训10期。培训内容突出政治理论、政策法规、业务知识、文化修养、基本技能和警示教育六大类，设置区域经济与转型升级、贯彻落实科学发展观推进玉环经济社会健康平稳发展、科学发展观语境下之玉环经济开发区构想、当前玉环经济形势分析、玉环社会稳定、玉环新农村建设等富有时代性、新颖性、实用性和地方性的课程。确定10个专题作为县管干部“菜单式”自主选学的课程。继续推行本地培训与异地培训相结合的模式，一半时间在县委党校授课，一半时间在县外名校培训，融入拓展训练、警示教育、革命传统教育、基层调查研究等环节。初步形成外聘专家学者、党政领导和党校骨干教师三位一体的计划内班次师资体系，有效保证教学质量。全年主体班次聘请浙江大学、浙江师范大学、省委党校、台州市委党校等18位教授，省、台州市直属部门7位专家，8位县委常委及县直属部门、企业30多位专家授课。与部门、乡镇联合，分别组织大学生村官、农村工作指导员、党员发展对象、财政系统干部职工、关工委基层骨干、基层妇女工作骨干、基层老年协会骨干开展培训，加上“五五”普法法制培训和非公企业学习实践活动理论培训等，共计30期。

2010年，除组织县管领导干部、新提任县管领导干部进行培训外，还举办了港口物流与区域经济专题研修、生态文明专题研修、城市规划与建设专题研修等计划内主体班次，共21期。拓展与部门行业联合培训规模，举办党员发展对象培训、安全生产管理和法律法规培训和民防志愿者培训等近50期。根据县党代会提出的打造城市化、工业化和港口物流三大平台战略构想，以城市规划与建设、生态文明、港口物流与区域经济等对县域发展至关重要的内容为专题，推出三个咨政型班次，与国内著名高校分段培训，对接“世界大港”“低碳世博”“宜居城市”的建设经验。师资配置及案例选择既有高层次、高规格的共性，又有专业化、典型化的特点。特别是有关国内重点研究室提供的前瞻理论和尖端方法，极大启发了参训干部，学有所获，学有所用。邀请北京大学、国家行政学院、复旦大学等名校专家学者，开设公共危机管理与媒介应对、低碳经济与人类发展、后危机时期的宏观经济等富有时代性、新颖性、权威性的课程。在主体班次中，坚持能力教学案例化、素质教学过程化、县情教学现场化原则，推广工作体验式、情景模拟式、课题调研式、问题诊断式等现代教学方法；在专题班上，采取分层教学集成法，实现决策层、参谋层、操作层干部同班组训。

2011年，举办新提任县管领导干部培训、中青年干部培训、领导干部财经纪律培训、老龄民族宗教事务培训、党务干部培训等计划内主体班次25期。主体班次与国内著名高校合作分段培训，既对接师资配置高层次、高规格，又有本地化、实践化特点，邀请中央党校、国家行政学院、北京大学、清华大学、复旦大学、浙江大学、杭州师范大学、省委党校等专家学者开设建设服务型政府、当前中国问题与社会管理、中国传统文化视角下的领导力建设等涵盖经济、社会、政府转型发展的课程。

2012 年，把执政能力建设、先进性和纯洁性建设作为教学的重点，构建“领导讲学增党性、专家授课拓视野、骨干辅导强基础”的教学布局。举办县管领导干部培训、村居（社区）党组书记培训、中青年干部培训、城市规划与建设专题研讨、沿海大开发专题研讨等主体班次 29 期。邀请 13 名党政负责人和国内高端学者讲课 31 场次，9 期培训班赴省委党校及浙江大学、复旦大学和中国海洋大学等知名院校进修，将系统化、专业化学习成果与本地化、实践化工作经验结合起来，通过撰文、研讨和授课等形式，逐步形成理论传递与互学共进的长效机制，提高党校培训综合效益。探索开发模拟新闻发布会、群体性事件案例回放和情境对策辩论等教学形式。确定玉环经济开发区、县委组织部档案室等为台州市级教学基地，溯源阁、林森火少年英雄纪念馆、坎门英雄基干民兵营、文玲书院、流动人口党校（龙溪）、玉环新城规划展示馆等为县级教学基地。联合部门（企业）承办各类培训 31 期，受训 5000 人次。

2013 年，根据参训主体的需求差异，细分班次类目，举办县管领导干部、中青年干部、机关党务干部、老龄工作者、党外代表人士、乡镇（街道）中层干部、基层工会干部和纪检监察干部等不同对象参加的培训班，学员组成实现横向到边。从服务大局出发，围绕县委中心工作，打破干部层级，推出创新社会管理、乡镇（街道）便民中心业务、海洋与渔业发展、食品安全法律法规等培训内容，混编进行科学决策和具体执行的专题研讨，培训成效力求纵向到底。业余培训结合全县干部的工作实际，倡导终身学习，开展党的十八大精神、“最美”精神与价值观和“书香玉环”等读书、征文、沙龙系列活动，营造自觉参与和比学赶超的优良学风。在坚持“党校＋高校”“菜单式”自主选学的基础上，加大现场教学、案例教学、互动体验的分量，增强培训吸引力。全年举办计划内培训班 32 期，受训 8500 多人次。现场教学模式获台州市党校系统工作创新奖。与部门（行业）联合办学 57 期。

2014 年，把十八大以来的最新理论成果，与县域发展中的党建、经济、文化和社会等培训内容相结合，举办学习习近平总书记系列讲话精神轮训、县管领导干部轮训、新提任领导干部培训、纪检监察工作专题研修、新闻发言人培训、信访干部培训、海洋与渔业治水促转型专题研讨、组织工作相关业务培训、村（社区）主要干部培训、县级国有企业负责人及其配偶党性党风党纪教育培训、统战知识和业务培训、创新社会治理培训、机关党务干部培训、企业工会指导员队伍建设培训、新任职团干部培训、女村官培训、机关事业单位人事干部业务培训、基层人口计生干部素质提升、行政审批服务业务培训、基层老龄工作者培训、安全生产知识培训等主体班次 22 期，受训 5500 多人次。邀请党政领导讲课 17 人次，聘请专家教授作专题讲学、理论辅导 34 场次。打通联系服务群众“最后一公里”，推进现场教学创新“赶考中国梦”，获全省党校系统互学互比工作创新奖。建立完善 11 个现场教学基地。《自主创新与玉环科学发展》等 3 部视频在全省党校系统虚拟专网上播放。根据中央在干部教育培训工作中进一步加强学风建设的精神，探索统一归并办学、强化党性教育、规范班次审批、强化纪律约束等一系列制度改革，出台《关于加强我县干部教育培训管理工作的意见》。

2015年，举办县管领导干部轮训、中青年干部培训、县管党员领导干部党章党规党纪培训、国有企业负责人及其配偶党风廉政教育培训、县级部门和乡镇(街道)办公室主任培训、村干部培训、"电商换市"专题培训等计划内班次30期，开设122项专题课程，3800多人次受训。在推行以党性锤炼、理论武装为主的模块化课程方案基础上，拓展延伸政治、经济、社会、文化等教学内容，优化师资，实现省、市、县三级互联互通，现场教学达到无缝化共建共享，注重学用结合，确保培训针对性和实用性。特别是在7月、10月分两期举办的党建创新项目——后进干部一线历练培训班中，各相关部门统一组织集中学习、军事训练、换岗历练等，按期组织考核评价。全年邀请县处级及以上领导25人次，特聘中央党校、省委党校、浙江师范大学等专家学者28人次，为学员授课，构成强大的师资保障。

2016年，举办县管领导干部轮训、新提任县管干部培训、中青年干部、文艺界人才培训、安全生产业务知识培训、信访干部培训等计划内主体班次16期，其中县管干部轮训班2期90人次，县新提任县管干部培训班1期50人次，县中青年干部培训班1期42人次。开设专题课130多项，其中党的理论教育和党性教育在主体班教学中占总课时的72%，党性教育课占总课时的24%。教学中注重学用结合，根据参训学员意愿和需求，邀请相关专家进行专题讲授或现场教学；综合采用案例式、情景模拟式、访谈式、座谈式等方式交叉教学，强化课堂互动环节，充分发挥学员主体地位和能动性，鼓励支持师生交流、合作科研；穿插安排军事训练、拓展训练、礼仪训练等教学活动，使党校培训充满生机和活力。强化精品意识，鼓励教师立足自身所学专业进行研究，将理论层次高、研究价值好、论述观点新的研究成果整理成课件，筛选出一批精品课、优质课，已形成"东方智慧：中国哲学史漫谈""玉环经济发展史""玉环地域文化及其演进"等多个专题课程。"增强文化软实力与培育社会主义核心价值观"获台州市精品课二等奖。与各部门联合办学11期。

2017年，举办纪检监察干部春季集训、机关党务干部培训、普法工作培训、新录用公务员初任培训、领导干部依法行政专题研讨、市管领导干部轮训、中青年干部培训、新任市管领导干部及其配偶党性党风党纪教育培训、新提任市管领导干部培训、市管干部学习贯彻党的十九大精神集中轮训等计划内主体班次35期。与市委组织部、市安监局、市总工会、芦浦镇等部门单位联合举办党员发展对象培训班、入党积极分子培训班、芦浦镇"七一"表彰大会暨"红七月"主题党课、基层工会干部培训班、PPP项目政策宣传和操作实务培训班等18期。主体班次与联合办学受训人数共计6550人次，占全市干部教育培训总量74.5%，体现党校干部教育培训的主阵地作用。其中党的理论教育和党性教育在主体班教学中占总课时的72%，党性教育课占总课时的24%，突出党的执政能力建设和先进性建设的重要地位。立足玉环作为台州南部湾区“一区一港一城一岛”建设主阵地的实际，锻造“能干事、干实事”的玉环铁军。创新中青班办学模式，由以往的2个月延长到1年，由集中学习为主、自主调研为辅转变为一线历练为主、集中研讨为辅，由党性教育理论武装延伸到技能实践，突出需求导向。按照“力量最强、配置最优”要求，梳理排摸湾区项目建设一线最紧缺的岗位45个，通过专门召开用人单位和后备干部现场对接互选会，人岗匹配度达91.5%。实行小班化“潮汐式”管理，根据项目类别、工作性质，分为工程组、专项组等，平时分散在各岗位学思践悟，每个月集中研讨，开设“弄潮儿”讲坛、“浪花”头脑风暴、“彩贝”经验介绍等专题活动，实现沟通交流，分享工作心得共同成长。在市管干部轮训班、中青班等班次多次赴乐清湾大桥接线工程、温岭东部新区、石塘沿海绿道等地调研，并在新录用公务员初任培训班中组织开展素质拓展、军训等活动。

2018年，举办计划内主体班次40期，受训10863人。在课时安排上，突出党的理论和党性教育，占总课时的72%；在学习内容上，突出习近平新时代中国特色社会主义思想，占总课时的24%；在教学方式上，讲求多样创新，坚持理论教学、现场教学、文体活动、课题调研、心理调适等有机结合，在市管干部轮训班、中青班等班次中多次赴温州、温岭东部新区、石塘沿海绿道等地实地学习，并在新录用公务员初任培训班等中组织开展素质拓展、军训等活动，营造浓厚的学习氛围；在社会实践中，贯穿红船精神、大陈岛垦荒精神和玉环新时代的先进典型郭口顺精神的学习传承。同时，聚焦市委、市政府中心工作，联合有关部门开设乡村振兴、安监消防、行政村规模调整相关课程。联合部门办学30期，受训11449人次。

1952—2018年中共玉环县(市)委党校干部培训一览表

表3-1

时　　间	期数（期）	受训人数（人）	培　训　对　象	学　习　内　容
1952.11—1953.3	3	909	党员、团员、入党积极分子	党的基本知识和整党建党材料
1954—1955	13	4186	乡村干部、互助组骨干	过渡时期总路线、社会主义教育、农村互助合作
1955.10—1956.6	2		乡干部	扫除文盲文化学习
1956.8—1956.12	5	2177	乡村党员、入党积极分子	党章和党的基本知识
1957	6	2385	预备党员，青年团骨干，渔区党员	党章、党的基本知识和农村青年团的任务

续表 3-1

时间	期数（期）	受训人数（人）	培训对象	学习内容
1958	1	100	乡村党员干部	社会主义理论教育
1959	3	821	党员骨干	—
1962	8	1457	农村党员骨干，渔区党员，文教卫生党员	—
1963	12	2520	农村党员骨干，工交财贸干部，文教卫生干部，党群政法干部，共青团书记	—
1964	8	1554	民兵骨干，工交干部，渔民，会计，农业局知青	—
1965	5	800	农村干部、工交财贸干部	—
1966	5	1000	农业骨干，工交财贸干部，团妇干部	—
1977.6	2	216	县级机关、区社机关、工交商业领导干部，农村大队党支部书记	《毛泽东选集》第五卷、全国五届人大会议精神
1978	3	380	工交、卫生、农场、盐场领导干部，工业、宣传、财政理论骨干，妇女干部	《毛泽东选集》第五卷、党的十一大精神、《实践是检验真理的唯一标准》、全国妇女代表大会精神
1979	5	1080	工会、妇女干部，全县小学领导骨干，农村大队党支部书记，区、社干部，卫生系统企事业单位领导	党的十一届三中全会精神、全国五届人大二次会议精神、《实践是检验真理的唯一标准》及党的基本知识
1980	6	676	共青团支部书记，工交系统领导骨干，农村大队党支部书记，中小学校长，工交财贸系统负责人	党的十一届五中全会精神、《中国共产党章程》、《关于党内政治生活的若干准则》、党建问题、共青团知识、企业管理
1981	8	831	县级机关科局级领导，经济、财政、计划、建设、教育系统干部，共青团、妇女干部，农村渔业大队党支部书记	政治经济学、中共中央《关于进一步加强和完善农业生产责任制的几个问题》
1982	6	798	财贸系统干部，区、社、大队领导干部，渔业大队干部，共青团、工会干部	中共中央《关于建国以来党的若干历史问题的决议》、《陈云文选》、党的十二大精神、“四坚持三热爱”、无神论

续表 3－1

时　　间	期数（期）	受训人数（人）	培训对象	学习内容
1983	8	986	县管干部，县级机关党员，县属基层党支部书记，区社脱产干部，教育系统党员干部，农村大队党支部书记	《中国共产党章程》《邓小平文选》《十一届三中全会以来党和国家重要文献选编》，以及全国六届人大一次会议精神
1984	8	1005	离休干部，县级机关领导干部，地管、县管干部，区、乡镇干部，共青团干部，妇女干部，财贸系统骨干	《中共中央关于一九八四年农村工作的通知》《中共中央关于整党的决定》《1984 年政府工作报告》，以及有关改革开放、知识人才的文件
1985	5	525	县、区机关党员干部，农村宣传员，部分乡干部，厂长经理	中共中央《关于进一步活跃农村经济的十项政策》及有关党性教育、现代管理、领导科学的内容
1986	5	1000	县、区、乡镇机关干部，共青团、妇女干部	中共中央《关于精神文明建设的决议》
1987	5	1026	县委组织、宣传、纪检、统战系统机关干部，区、乡镇机关干部，县级机关工会干部，解放塘农场干部职工	党的十一届三中全会以来路线、方针、政策以及有关“坚持四项基本原则，反对资产阶级自由化”的内容
1988	11	2832	县级部门领导干部，区、乡镇机关干部，工会、共青团、妇联干部，县级机关党支部书记，区、乡镇宣传委员，农村党支部书记，电力公司、解放塘农场干部职工	党的十三大会议精神、党的十三届三中全会精神、党的基本知识及妇女工作任务、方针
1989	8	3107	县级部门领导干部、乡镇长，学校教师，入党对象，妇女干部，商业系统干部职工，解放塘农场干部职工	党的基本知识及有关基层政权建设、“坚持四项基本原则，反对资产阶级自由化”的内容
1990	14	1629	县管干部，区、乡镇行政一把手，组宣纪统委员，妇女主任，共青团书记，工会干部，工商银行系统党员干部，农业银行系统党员干部，卫生系统党员干部，教育系统党员干部，水产系统党员干部，公安干警，环城乡党员干部	马克思主义哲学、国际共产主义运动史、中共党史、乡镇政权建设及有关岗位业务知识，形势和党史教育，党的基本知识

续表 3－1

时　　间	期数（期）	受训人数（人）	培　训　对　象	学　习　内　容
1991	13	1453	县管干部，区、乡镇宣传委员，人民武装部干部，农村党支部书记等	党的十三届七中全会精神、《关于社会主义若干问题学习纲要》及有关党建理论、农村政策、科技兴农知识和人民武装知识等
1992	7	1146	乡镇干部（包括各大员），离休干部，工会干部	—
1993	7	2600	县处级领导，部委办局正副职，县管后备青年干部，村党支部、村委会成员	党的十四大精神、形势、有中国特色社会主义理论、社会主义市场经济理论、《中共中央关于建立社会主义市场经济体制若干问题的决定》、《邓小平文选》第三卷、党的基本知识
1994	7	130	县管干部，党支部书记，青年妇女干部	《邓小平文选》第三卷、《中共中央关于建立社会主义市场经济体制若干问题的决定》
1995	8	980	县管干部，知识分子，“两学”师资	有中国特色社会主义理论，党建理论和社会主义市场经济理论
1996	7	1386	乡镇领导干部，村党支部书记，扶贫工作员，党外人士，知识分子	马克思主义理论、有中国特色社会主义理论及党的十四届五中、六中全会精神
1997	9	834	乡镇领导干部，知识分子，农村干部，青年干部，妇女干部	—
1998	3	158	青年干部，企业经济管理者，企业家	—
1999	9	867	县管领导干部，科技干部，企业经营管理者，青年干部	—
2000	12	2267	县管领导干部，知识分子，企业经营管理者，公务员，专业科技人员	玉环港口开发和城市化进程、中国经济与 WTO、当前国际局势和台湾问题、党风廉政建设和领导艺术等
2001	9	7435	县级部门、乡镇一把手，非公企业党务工作者，企业经理人，乡镇机关干部，部门机关干部，公务员专业人员	—

续表 3－1

时　　间	期数（期）	受训人数（人）	培　训　对　象	学　习　内　容
2002	16	1754	县级部门、乡镇一把手，中青年干部，非公企业党务工作者，各类科技人员，农村干部	非公企业党建、WTO知识、玉环区域经济发展、《领导干部选拔任用工作条例》辅导、经济发展与人口理论、党风廉政建设和领导艺术等
2003	30	14670	县管干部，村党支部书记，县管后备干部	打造先进制造业基地、海上花园快乐玉环建设、党风廉政建设和领导艺术等
2004	36	8700	县管干部，县管后备干部，其他干部职工	玉环中等城市建设、玉环工业经济发展现状与前景等
2005	6	1700	县管干部，行政执法人员，基层妇女干部	提高执政能力、构建社会主义和谐社会，落实科学发展观、完善社会主义市场经济体制，当代科技发展及其社会影响，全面推进依法行政实施纲要，玉环经济文化，农村基层组织建设，加强党风廉政建设，全球化战略中的台湾问题及其对策研究，漫谈公共产品的供给，礼仪知识讲座，婚姻家庭与权益保护，妇女发展构建和谐社会等
2006	38	4800	县管干部，县管后备干部，非公企业家和党务工作者，基层文化俱乐部管理人员，基层妇女干部，基层团干，宣传系统干部，农村干部，行政执法人员，县医药初级专业技术人员，玉环青年人才，乡镇党章宣讲员，三轮农村工作指导员，海洋与渔业局干部职工，宗教界人士，安全员，县农业普查村级指导员，体育指导员	—
2007	48	6325	党政一把手，县管干部，新提任领导干部，县管后备干部，其他人员	—

续表 3－1

时　　间	期数（期）	受训人数（人）	培　训　对　象	学　习　内　容
2008	58	9000	县管干部，县管后备干部，村级两委主要负责人，县级机关党务干部，共青团干部，县十三届党代会代表，非公企业党务工作者，事业单位法定代表人，综治干部，公务员，非公企业工会主席	民生问题及民工工作的几点思考、玉环经济形势分析、国防教育、农村社会稳定、城市规划与建设、基层政府公共行为之实证分析、浅释干部选拔任用条例、构建惩治和预防腐败体系、工作智慧和人生目标、创新思维和现代管理、公共危机处理、传统文化漫谈、文学与人生、干部修养等
2009	50	—	县级部门一把手，县管干部，县管后备干部，党代表，纪检监察业务骨干，乡镇机关党支部书记，党务（人事）干部，村两委主要负责人，综治工作人员，非公企业党建工作者，大学生村官，农村工作指导员，党员发展对象，财政系统干部职工，关工委基层骨干，基层妇女工作骨干，基层老年协会骨干	区域经济与转型升级、贯彻落实科学发展观推进玉环经济社会健康平稳发展、科学发展观语境下之玉环经济开发区构想、当前玉环经济形势分析、玉环社会稳定、玉环新农村建设、“五五”普法等
2010	71	—	县管领导干部，新提任县管领导干部，党员发展对象，民防志愿者	公共危机管理与媒介应对、低碳经济与人类发展、后危机时期的宏观经济等
2011	25	—	新提任县管领导干部，中青年干部，党务干部	建设服务型政府、当前中国问题与社会管理、中国传统文化视角下的领导力建设等
2012	60	—	县管领导干部，村居（社区）党组书记，中青年干部，住建系统干部	—
2013	89	8500	县管领导干部，中青年干部，机关党务干部，老龄工作者，党外代表人士，乡镇（街道）中层干部，基层工会干部，纪检监察干部	—

续表 3－1

时　　间	期数（期）	受训人数（人）	培训对象	学习内容
2014	22	5500	县管领导干部，新提任领导干部，纪检监察干部，新闻发言人，信访干部，海洋与渔业系统干部，组织工作干部，村（社区）主要干部，国有企业负责人及配偶，统战系统干部，综治干部，机关党务干部，企业工会指导员，新任职团干部，女村官，机关事业单位人事干部，基层人口计生干部，行政审批服务人员，基层老龄工作者	—
2015	30	3800	县管领导干部，中青年干部，县管党员领导干部，国有企业负责人及其配偶，部门和乡镇办公室主任，村干部	党章党规党纪、“电商换市”等
2016	27	—	县管领导干部，新提任县管干部，中青年干部，文艺界人才，分管安全生产干部，信访干部	—
2017	53	6550	纪检监察干部，机关党务干部，新录用公务员，行政执法领导干部，市管领导干部，中青年干部，新任市管领导干部及配偶，新提任市管领导干部，党员发展对象，入党积极分子，基层工会干部	党的十九大精神、党的执政能力建设和先进性建设、党风党纪教育、依法行政等
2018	70	22312	市管干部，中青年干部，新录用公务员，其他人员	习近平新时代中国特色社会主义思想、党性教育、乡村振兴、安监消防、行政村规模调整等

第四章　学历教育

1985 年 5 月，在教务科设刊授辅导站，创办刊授干部中专班，经过规范的全省统一考试和严格的政审予以录取。1986 年 9 月，按照中央组织部、中央宣传部、国家教委联合下发的《关于加强干部中等专业教育的意见》要求，实行多规格、多门类、多渠道办学，加快干部中专培训的进度，保证教育质量，以适应社会主义现代化建设的需要。从 1987 级干部中专班开始，干部中专的毕业证书和专业证书均由省教育委员会统一印制和颁发。新开干部中专班次和新设专业，都要报省教委或国务院主管部委教育司审核批准，并抄报省委组织部、省委宣传部、省劳动人事厅备案。党校干部中专班招生纳入全省统一招生计划，参加全省成人中专招生入学考试。干部中专全科班的教学计划，根据国家教委对成人中专的要求制订，报省教委审批。1987 年 7 月，省里又对干部中专班的培训对象和目标、办学渠道、办班审批手续、学制、教学计划、教材、入学手续、证书颁发、办班费用等提出了意见。按照中央和省里的要求，县委党校制定了相应的教学计划，并付诸实施。1989 年 9 月，开设中央党校函授学院专科教学点，至 1997 年改设省委党校函授学院专科教学点。2001 年，开设中央党校函授学院本科班教学点。2012 年 7 月，随着 2009 级大专班的毕业，县委党校完成了学历教育的任务。

1985 年 9 月至 2012 年 7 月，县委党校组织干部职工参加各类学历教育 3812 人次，获中专毕业 947 人，肄业 5 人；大专毕业 1939 人；大学本科毕业 414 人。

第一节　中专学历教育

1985 年 9 月，通过政治、语文、史地、数学考试，招收县级机关、区乡镇、企事业单位在职干部（少数招聘干部）36 人参加中共浙江省委党校干部中专班脱产学习，学制两年，考试科目有哲学、政治经济学、科学社会主义、党史、党的建设、经济管理、语文、数学等，考查科目有自然科学基础知识、农业、历史、经济地理、形式逻辑、中国革命与建设基本问题、法学等，还开设领导科学、行政管理、心理学、人口理论、时事政策等讲座，至 1987 年 7

月结束,毕业 35 人(另外 1 人转临海党校),由省委党校颁发毕业证书。招收县级机关、区乡镇、企事业单位在职干部职工 370 多人,参加浙江省中等政治专业学校首届刊授学习,学制三年,考试科目有哲学、语文、经济地理、政治经济学、法学、历史、中国革命和建设基本问题、经济管理、中国革命简史、党的建设、形式逻辑、行政管理学、思想政治工作概论、经济法等,至 1988 年 10 月结束,毕业 143 人,肄业 5 人,由浙江省教育委员会颁发毕(肄)业证书。

1989 年 9 月,招收县级有关部门、区乡镇在职干部 46 人参加浙江省中等政治专业学校第二届刊授学习,学制三年,考试科目有哲学、语文、社会主义建设、政治经济学、数学、公共关系学、形式逻辑、法学概论、行政管理学、人事管理学、中国革命简史、思想政治工作概论、社会调查基础知识等,至 1992 年 7 月结束(补考延迟到 12 月),毕业 25 人,由浙江省教育委员会颁发毕业证书。

1990 年 9 月,招收在职干部职工 25 人参加浙江省中等政治专业学校第三届刊授学习,学制三年,至 1993 年 7 月结束,毕业 25 人,由浙江省教育委员会颁发毕业证书。

1994 年 9 月,与广播电视大学玉环分校联合招收农村干部 49 人参加乡镇经济管理脱产中专班学习,学制两年,考试科目有思想道德修养、体育、社会主义新农村建设、哲学、政治经济学、农业经济学、公共关系学概论、工业技术基础、农业概论、企业管理概论、会计学原理、乡镇行政管理概论、计算机应用基础、文书写作、企业财务管理、中国革命史、书法、英语等,至 1996 年 7 月结束,毕业 47 人,由台州市广播电视中等专业学校颁发毕业证书。

1995 年 4 月,台州市农村管理干部中等专业学校玉环县分校成立(台州市教育委员会于 1994 年 9 月批准在玉环县委党校设立台州市农村管理干部中等专业学校玉环县分校),着手对农村干部(含后备干部)开展大规模的农村管理中等专业学历函授教育,全县 12 个乡镇分设城关、坎门、陈屿、鲜叠、楚门(含海山)、清港、芦浦、沙门、龙溪、干江(含鸡山)10 个辅导站,招生由各村推选、乡镇党委审定、县委组织部批准,学员 620 人,招生人数居台州市各县市区首位,学制两年,考试科目有马克思主义哲学、乡镇企业经营与决策、建设有中国特色社会主义理论、政治经济学、党的建设与实践、中共党史、社会主义新农村建设、市场经济、农村应用文、财务管理、市场营销、农村政策等,由党校定期派教师到各乡镇辅导站授课,至 1996 年 12 月结束,毕业 599 人,由台州市农村管理干部中等专业学校颁发毕业证书。1995 年 9 月,招收第二届农村管理干部脱产中专班学员 39 人,学制两年,课程有辩证唯物主义、语文、乡镇企业管理、数学、中共党史、党建基本理论、市场经济基本知识、农村财务管理、乡村行政管理、市场营销、农村金融与财税、计算机基础等,至 1997 年 7 月结束,毕业 38 人,由台州市农村管理干部中等专业学校颁发毕业证书。

1996年，为加快实现“千名村级干部学历培训工程”目标，建立一支跨世纪的村级干部队伍，推进农村经济和社会发展再上新台阶，县委党校继续招收第三届农村管理干部中专班学员，对象为行政村现职干部和后备干部，具有初中以上文化程度，村干部不超过35岁，村后备干部不超过30岁。9月，招收第三届农村管理干部脱产中专班学员38人，学制两年，课程有建设有中国特色社会主义理论、辩证唯物主义基本原理、中共党史、社会主义市场经济基本知识、语文（应用文写作）、应用数学、农业经济管理、乡镇企业经营管理、乡村行政管理、农村财务管理、农村金融、市场营销、法律基础知识等，至1998年7月结束，毕业35人，由台州市农村管理干部中等专业学校颁发毕业证书。

1985年9月至1998年7月，县委党校招收县级机关、区乡镇、企事业单位在职干部及村级干部1223人参加中共浙江省委党校、浙江省中等政治专业学校、台州市农村管理干部中等专业学校举办的中专班脱产、刊授、函授学习，有947人毕业，5人肄业，分别由中共浙江省委党校、浙江省教育委员会、台州市农村管理干部中等专业学校发给毕（肄）业证书。

第二节　大专学历教育

1989年9月，经过政治、语文、历史、地理、数学五科全国统一考试，招收县级部门、区乡镇在职干部81人参加中共中央党校函授学院党政管理大专班业余学习，学制三年，考试科目有辩证唯物主义、党的学说和党的建设、科学社会主义、历史唯物主义、普通逻辑学、政治经济学、中共党史、世界经济学、法学概论、思想政治工作概论，考查科目有干部写作知识、管理心理学、国民经济管理学、当代国际政治、政治学，还开设建设有中国特色社会主义理论、中国近代史、国际共产主义运动史、社会主义社会学、文艺理论、对外贸易经济讲座，至1992年7月结束，毕业67人，由中共中央党校函授学院颁发毕业证书。

1993年9月，招收在职干部47人参加中共中央党校函授学院政治大专班学习，学制三年，考试科目有辩证唯物主义、党的学说和党的建设、历史唯物主义、科学社会主义、政治经济学、中共党史、财政学、法学概论、政治学原理，考查科目有干部写作知识、普通逻辑学、管理心理学、世界经济学、社会主义市场经济下思想政治工作概论、市政管理学，还开设现代科学技术和科技政策、建设有中国特色社会主义理论、中国近代史、国际共产主义运动史、社会主义社会学讲座，至1996年7月结束，毕业46人，由中共中央党校函授学院颁发毕业证书。

1994年9月，招收在职干部95人参加中共中央党校函授学院经济管理大专班学习，学制三年，考试科目有马克思主义哲学、科学社会主义、政治经济学、经济管理概论、市场经济、经济史、财政学、经济法、国内贸易经济管理、工业企业经营管理概论，考查科目有干部写作、世界经济学、数学、财务会计学概论、国家税收概论、审计学，还开设现代科学技术和科技政策、中国经济管理思想史、建设有中国特色社会主义理论、中国经济地理、对外经济管理学讲座，至1997年7月结束，毕业80人，由中共中央党校函授学院颁发毕业证书。

1995年9月，招收在职干部134人参加中共中央党校函授学院经济管理大专班学习，学制三年，考试科目有哲学、建设有中国特色社会主义理论、社会主义市场经济、经济管理学原理、财政金融学、财务会计学概论、工业企业经营管理、经济法、国内贸易经济管理、农村经济管理学，考查科目有干部写作、实用管理数学、法学概论、社会经济统计学、对外经济管理学、审计学，还开设现代科学技术、中国经济管理思想史、管理心理学、计算机应用基础、中国经济地理讲座，至1998年7月结束，毕业120人，由中共中央党校函授学院颁发毕业证书。

1996年，为加快实现"千名村级干部学历培训工程"目标，县委党校按照台州市委组织部的统一部署，向台州市委组织部推荐8人参加台州市农村管理干部大专班招生考试，对象为行政村现职干部和后备干部，包括首届农村干部中专班学员和参加中专函授的学员，村干部不超过40岁，村后备干部不超过35岁。

1997年9月，招收在职干部职工132人参加中共浙江省委党校函授学院经济管理大专班学习，学制三年，考试科目有马克思主义哲学、政治经济学、建设有中国特色社会主义理论、社会主义市场经济、经济管理学原理、财政与金融、现代工业企业经营管理学概论、法学概论、经济法、国内贸易经济管理，考查科目有干部写作概论、实用管理数学、对外经济管理学、会计学原理、社会经济统计学原理、审计学，还开设现代科学技术概论、当代国际政治与中国对外关系、管理心理学、计算机应用基础、社会保障学、国家税收概论、中国经济地理讲座，至2000年7月结束，毕业123人，由中共浙江省委党校函授学院颁发毕业证书。

1998年9月，招收在职干部职工134人参加中共浙江省委党校函授学院经济管理大专班业余学习，学制三年，考试科目有马克思主义哲学、政治经济学、邓小平理论、社会主义市场经济、经济管理学原理、财政与金融、现代工业企业经营管理学概论、会计学原理、国内贸易经济管理、经济法，考查科目有干部写作知识、实用管理数学基础、对外经济管理学、法学概论、社会经济统计学原理、审计学，还开设现代科学技术概论、中国经济管理思想史、管理心理学、计算机应用基础、社会保障学讲座，至2001年7月结束，毕业108人，由中共浙江省委党校函授学院颁发毕业证书。选送58名企业经营管理者参加浙江经济管理大学学习，至2000年9月毕业。

1999年9月，招收在职干部职工140人参加中共浙江省委党校函授学院经济管理大专班业余学习，学制三年，考试科目有马克思主义哲学原理、政治经济学、干部写作知识、邓小平理论、社会主义经济理论、实用数学管理基础、基础会计学、财政与金融、对外经济管理学、经济管理学原理、现代工业企业经营管理学概论、法学概论、国内贸易经济管理、经济法、社会经济统计学原理、审计学，还开设现代科学技术概论、中国经济管理思想史讲座，至2002年7月结束，毕业126人，由中共浙江省委党校函授学院颁发毕业证书。台州市行政学院首次在玉环设立农村管理干部大专班教学点，招收学员56人，学制两年，考试科目有邓小平理论、市场经济、乡村行政管理、近代史、哲学、时政与金融、法学、科学技术、市场营销、领导科学、乡镇企业、区域经济、基层党建、写作知识、公共关系学、人口问题、调查与统计等，至2001年7月结束，毕业56人，由台州市行政学院颁发毕业证书。

2000年9月，招收在职干部职工104人参加中共浙江省委党校函授学院经济管理大专班业余学习，学制三年，考试科目有马克思主义哲学原理、政治经济学、干部写作知识、邓小平理论、社会主义经济理论、实用管理数学、经济管理原理、财政与金融、对外经济管理学、现代工业企业经营管理学概论、基础会计学、法学概论、国内贸易经济管理、经济法、社会经济统计学原理、审计学，还开设现代科学技术概论、中国经济管理思想史、管理心理学、计算机应用基础、社会保障学讲座，至2003年7月结束，毕业95人，由中共浙江省委党校函授学院颁发毕业证书。招收台州市农村管理干部大专班学员55人，学制两年，考试科目有邓小平理论、社会主义市场经济、乡村行政管理、马克思主义哲学、农村金融与财税、法学、市场营销学、领导科学概论、乡镇企业经营管理概论、农村基层党组织建设、公共关系学、写作知识，考查科目有中国近代史、现代科学技术与科技政策、中国区域经济管理概论、中国人口问题纲要，还开设社会调查与统计讲座，至2002年7月结束，毕业51人，由台州市行政学院颁发毕业证书。

2001年9月，招收在职干部职工100人参加中共浙江省委党校函授学院经济管理大专班业余学习，学制三年，考试科目有马克思主义哲学原理、政治经济学、古文选读、邓小平理论、社会主义经济理论、实用管理数学基础、经济管理原理、财政与金融、法学概论、现代工业企业经营管理学概论、经济法、对外经济管理学、贸易经济、会计学、社会经济统计学原理、干部写作概论等，至2004年7月结束，毕业93人，由中共浙江省委党校函授学院颁发毕业证书。

2002年9月，招收在职干部职工88人参加中共浙江省委党校函授学院经济管理大专班业余学习，学制三年，考试科目有马克思主义哲学原理、大学语文、政治经济学、邓小平理论、社会主义经济理论、实用管理数学、经济管理原理、财政与金融、法学概论、现代工业企业经营管理学概论、会计学、对外经济管理学、贸易经济学、经济法、社会经济统计学原理、干部写作知识等，至2005年7月结束，毕业75人，由中共浙江省委党校函授学院颁发毕业证书。招收台州市农村管理干部大专班学员98人，学制两年，考试科目有农村税收、邓小平农村建设理论概论、市场经济理论在我国农村发展、市场营销、马克思列宁主义基本问题、毛泽东思想基本问题、新时期农村基层组织建设、领导科学、法学基础、乡镇企业管理、行政管理学、干部写作知识、现代社区概论等，至2004年7月结束，毕业98人，由台州市行政学院颁发毕业证书。

2003年9月，招收在职干部职工32人参加中共浙江省委党校函授学院经济管理大专班业余学习，学制三年，考试科目有马克思主义哲学原理、马克思主义政治经济学原理、大学语文、建设有中国特色社会主义理论、社会主义经济理论、法学概论、经济管理原理、财政与金融、管理心理学、现代工业企业经营管理学概论、会计学、对外经济管理学、贸易经济、经济法、社会经济统计学原理、干部写作知识，还开设现代科学技术概论、中国加入WTO知识、公共关系学、计算机基础、社会保障概论、人力资源管理概论、电子商务讲座，至2006年7月结束，毕业28人，由中共浙江省委党校函授学院颁发毕业证书。招收农村干部126人参加台州市行政学院农村管理专业业余学习，学制两年，考试科目有市场经济概论、“三个代表”重要思想、农村税收、邓小平农村理论、基层党组织建设、中小企业市场营销、基层领导工作新思路、基层领导工作法律基础、乡镇企业经营管理学、行政管理学、公文写作、村民自治(社区建设)等，至2005年7月结束，毕业97人，由台州市行政学院颁发毕业证书。

2004年9月，招收在职干部职工36人参加中共浙江省委党校函授学院经济管理大专班业余学习，学制三年，考试科目有马克思主义哲学原理、法学概论、大学语文、现代管理学原理、建设有中国特色社会主义理论、人力资源管理概论、社会主义经济理论、财政与金融、管理心理学、现代工业企业经营管理学概论、会计学、对外经济管理学、贸易经济、经济法、社会经济统计学原理、干部写作知识，还开设现代科学技术概论、中国加入WTO知识、公共关系学、计算机应用基础、社会保障概论、环境科学概论、电子商务讲座，至2007年7月结束，毕业31人，由中共浙江省委党校函授学院颁发毕业证书。招收农村干部57人参加台州市行政学院大专班业余学习，学制三年，考试科目有“三个代表”重要思想、市场经济概论、农村税收、中国加入WTO知识、邓小平理论、农村基层组织建设、农村社会学、中国近代史、领导科学、法律基础、乡镇企业管理、现代科技、行政管理、农村应用文、市场营销、农村现代化等，至2007年7月结束，毕业57人，由台州市行政学院颁发毕业证书。

2005年，开创与乡镇党委政府合作举办干部学历教育新模式，在清港镇设立全市党校系统首个校外教学点，把面授课堂搬到学员家门口，变以往封闭式办班为开放式办班，相继被《台州日报》、台州电视台《台州新闻》报道。9月，招收农村干部84人，又专门面向清港镇招收农村干部70人，分设2个班，同时参加台州市行政学院大专班业余学习。考试科目有邓小平理论和“三个代表”重要思想、市场经济、农村社会学、农村基层组织建设、法律基础、市场营销、农村经济管理、新农村建设、农村法律与政策概论、基层领导科学、村民自治、应用写作等。经过三年函授学习，至 2008 年 7 月结束，毕业 154 人，由台州市行政学院颁发毕业证书。

2006 年 9 月，招收农村干部 124 人参加台州市行政学院大专班业余学习，学制三年，考试科目有邓小平理论与“三个代表”重要思想、市场经济概论、法律基础、农村基层组织建设、农村法律与政策、市场营销、农村经济管理、新农村建设、农村社会学、基层领导工作新思路新方法、应用写作、村民自治等，至 2009 年 7 月结束，毕业 119 人，由台州市行政学院颁发毕业证书。

2007 年 9 月，招收在职干部职工 37 人参加中共浙江省委党校函授学院经济管理大专班业余学习，学制三年，考试科目有马克思主义哲学原理、大学语文、法学概论、中国特色社会主义理论、现代管理学原理、人力资源管理概论、社会主义经济理论、财政与金融、心理管理学、现代工业企业经营管理学概论、会计学、对外经济管理学、贸易经济、经济法、社会经济统计学原理、干部写作知识，还开设现代科学技术概论、中国加入 WTO 知识、公共关系学、计算机应用基础讲座，至 2010 年 7 月结束，毕业 37 人，由中共浙江省委党校函授学院颁发毕业证书。招收农村干部 68 人参加台州市行政学院大专班业余学习，学制三年，考试科目有法律学基础、邓小平理论和“三个代表”重要思想、市场经济概论、农村基层组织建设、农村法律与政策、市场营销、农村经济管理、新农村建设、农村社会学、基层领导科学、应用文写作、村民自治等，至 2010 年 7 月结束，毕业 68 人，由台州市行政学院颁发毕业证书。

2008 年 9 月，招收农村干部 90 人参加台州市行政学院大专班业余学习，学制三年，考试科目有邓小平理论和“三个代表”重要思想、市场经济概论、法律基础、农村基层组织建设、农村法律与政策、农产品市场营销、农村经济管理、新农村建设、农村社会学、基层领导工作新思路新方法、应用写作、村民自治等，至 2011 年 7 月结束，毕业 80 人，由台州市行政学院颁发毕业证书。

2009 年 9 月，招收农村干部 90 人参加台州市行政学院大专班业余学习，学制三年，考试科目有科学发展观、市场经济概论、法律基础、农村基层组织建设、农村法律与政策、农产品市场营销、农村经济管理、新农村建设、农村社会学、基层领导科学、应用写作、村民自治等，至 2012 年 7 月结束，毕业 72 人，由台州市行政学院颁发毕业证书。

1989 年 9 月至 2012 年 7 月，县委党校招收县级部门、区乡镇、企事业单位在职干部职工及农村干部 2136 人参加中共中央党校函授学院、中共浙江省委党校函授学院、台州市行政学院举办的大专班函授学习，有 1939 人毕业，分别由中共中央党校函授学院、中共浙江省委党校函授学院、台州市行政学院发给毕业证书。

第三节 大学本科教育

2001年，中共玉环县委党校成功创办中共中央党校函授学院本科班教学点。9月，招收机关干部150人参加行政管理本科班业余学习，学制三年，考试科目有社会主义市场经济论纲、公共政策概论、马克思列宁主义基本问题、邓小平理论基本问题、行政管理学、毛泽东思想基本问题、人事行政概论、行政法学、组织行为学、领导学通论、市场经济法律制度概论、公文处理基础、当代世界法律与中国法制建设等，至2004年7月结束，毕业140人，由中共中央党校函授学院颁发毕业证书。

2002年9月，招收机关干部81人参加中共中央党校函授学院行政管理本科班业余学习，学制三年，考试科目有法理学、领导学通论、马克思列宁主义基本问题、行政管理学、政治学通论、毛泽东思想基本问题、邓小平理论基本问题、人事行政概论、组织行为学、行政法学、公共政策概论、当代中国政府与行政、公文处理基础，还开设面向21世纪的党性修养、WTO理论与实务、当代西方政治制度、计算机基础讲座，至2005年7月结束，毕业71人，由中共中央党校函授学院颁发毕业证书。

2003年9月，招收机关干部57人参加中共中央党校函授学院行政管理本科班业余学习，学制三年，考试科目有领导学通论、法理学、马克思列宁主义基本问题、中国行政管理概论、政治学通论、英语、当代中国政府与行政、人事行政概论、行政法学、公共政策概论、公共政策分析、公文处理基础等，至2006年7月结束，毕业44人，由中共中央党校函授学院颁发毕业证书。

2004年9月，招收机关干部62人参加中共中央党校函授学院公共管理本科班业余学习，学制三年，考试科目有政治学通论、行政法学、马克思列宁主义基本问题、社会学研究方法、公共经济学概论、英语、当代中国政府与行政、公共管理学概论、领导学通论、公共行政道德概论、公共财政学、公共政策分析，还开设电子政务、组织行为学、公务员制度概论、秘书学讲座，至2007年7月结束，毕业55人，由中共中央党校函授学院颁发毕业证书。

2005年9月，招收机关干部28人参加中共中央党校函授学院公共管理本科班业余学习，学制三年，考试科目有政治学通论、行政法学、马克思列宁主义基本问题、简明社会学研究方法、公共经济学概论、英语、当代中国政府与行政、公共管理学概论、领导学通论、公务员制度概论、公共行政道德概论、公共政策分析，还开设电子政务、组织行为学、非政府组织管理、秘书学讲座，至2008年7月结束，毕业25人，由中共中央党校函授学院颁发毕业证书。

2006年9月，招收机关干部39人参加中共中央党校函授学院公共管理本科班业余学习，学制三年，考试科目有马克思列宁主义基本问题、执政党建设概论、英语、公共管理学概论、公共经济学概论、组织行为学、当代中国政府与行政、人力资源管理、社会政策概论、公共政策分析、行政法学、秘书学、公共财政学，还开设社会主义法治论纲、政治学通论、领导学通论、公共行政道德概论讲座，至2009年7月结束，毕业39人，由中共中央党校函授学院颁发毕业证书。

2007年9月，招收机关干部42人参加中共中央党校函授学院经济管理本科班业余学习，学制三年，考试科目有马克思列宁主义基本问题、执政党建设概论、英语、国际贸易、当代中国经济、公共管理学概论、中国区域经济管理概论、当代西方经济学、公共经济学概论、货币银行学、经济管理原理、项目管理学概论、公司法学，还开设科学发展观、经济法学、社会主义和谐社会论纲、电子商务概论讲座，至2010年7月结束，毕业40人，由中共中央党校函授学院颁发毕业证书。

2001年9月至2010年7月，县委党校招收机关干部453人参加中共中央党校函授学院举办的本科函授学习，有414人毕业，由中共中央党校函授学院颁发毕业证书。

附：

毕业学员名录

一、中专班

中共浙江省委党校1985级干部中专班(35人)：

黄象刚	吴美英(女)	沈银德	邵剑敏	毛庆良
应东方(女)	林以灵	李茂芳	林存标	邵少华
张灰卓	林仁通	王细和	黄道华	陈莲芳(女)
黄德正	苏阜林	陈敦中	吴福清	洪进锋
王秀兰(女)	金霞玲(女)	叶开崇	徐宏庭	杨玉平(女)
许　平	陈爱芳(女)	季统春	王亚明	郑跃文
王宏鹏	吴坚毅	胡士勇	黄正传	郑连锋

浙江省中等政治专业学校1985级首届刊授(143人)：

陈米林	陈旭日	詹汉英(女)	胡士敏	王照勤
曾巧云(女)	杨小平	钟东华(女)	林伟庆	白云飞
周巨良	张昌梅	刘建国	胡玲丽(女)	孙春奎
卢丽宏(女)	姚土清	曾思枚	李冬红(女)	黄潘彩(女)

金丽萍(女)	潘基土	姚仁建	王秀敏(女)	冯秀枝(女)
张锦华	王维平	周益平	梁　燕(女)	叶平平(女)
黄文雄	王黎明(女)	梁化平(女)	李　玲(女)	赵秀清
苏为民	陈肖华(女)	潘　宝	罗云泰	高　洁(女)
叶云龙	苏金华	林海敏(女)	常　青(女)	严春芳(女)
王丽华(女)	巫玉芳(女)	董服德	李长法	王素芝(女)
王新云	翁爱香(女)	王旦华	许生生	龚海文(女)
李玉茹(女)	林崇建	颜兆平	周建平	龚时连
郭丽霞(女)	黄德正	黄月松	周方友	詹必仁
林世达	洪永福	詹立强	郭国进	李孙尧
庄平来	龚维根	王必业	张林松	郑达钟
张　弘	余振玉	滕邦杰	黄秋红(女)	庄松聪(女)
周丽丽(女)	徐志明	郭　健	林凤鸣(女)	李爱芬(女)
陈日新	庄美英(女)	李侠平	黄伟益	蒋照玉
朱瑞鹏	曾春柳(女)	李支民	卢飞强	黄国平
陈坎平	周建友	曾春香(女)	郑原德	谢玉英(女)
林宝良	李进华	林松娥(女)	颜扬林	苏海华
孙建祺	李陈昌	苏为宏	林子利	陈光龙
徐增林	孙建通	曾柳叶(女)	金启芳	姚必松
熊德卿	冯晓浙	沈素芳(女)	蒋良德	苏为曙
林进展	方亚光	苏维春	章海平(女)	方贵川
阮肖军	颜荣超	郑通贵	郑善森	娄彩玉
钟荷兰(女)	罗永林	沈秀云	陈玉琴(女)	林太方
王珍文(女)	叶金权	沈清冬	蒋兴良	谢招云
汪兰芳(女)	郭文元	陈永亮		

浙江省中等政治专业学校 1989 级第二届刊授(25 人):

张振华	卢祥艺	王维灵	李志强	詹娇琴(女)
朱达明	骆爱玲(女)	李学明	杨宝花(女)	林仁玲
朱晨霞(女)	任宝水	华业荣	赵佩玉(女)	陈海平(女)
王建新	吴　珍(女)	金文萍(女)	詹　望	王兆波
林菲琴(女)	郑达锦	项秋霞(女)	曾良德	林香娟(女)

浙江省中等政治专业学校 1990 级第三届刊授(25 人):

(资料缺失)

台州市农村管理干部中等专业学校农村管理1994级中专班(47人):

孔万忠	王熙升	王昌明	王彩飞(女)	王菊燕(女)
叶剑飞	池玲华(女)	陈雪芳(女)	陈素芬(女)	陈先仁
陈仕聪	陈云祥	陈贵夫	庄建辉	李加杰
李孙镇	李庆华	李育明	李旦贵	沈兴萍(女)
沈华忠	苏　瑜	苏光新	吴恩见	吴思红
吴思尧	肖若玉	应春之	张　波	张孝国
张维彪	季陈梦	金云法	林子群	林素君(女)
林作良	林文彪	郑赞新	黄有善	黄贤文
黄希明	盛杰恩	谢加国	曾碧霞(女)	蔡玲虹(女)
蔡海玲(女)	薛雪强			

台州市农村管理干部中等专业学校农村管理1995级中专班(599人):

城关辅导站(113人):

陈张龙	陈顺女(女)	盛正良	王兴钱	王宣金
陈统兴	黄万川	周　慧	黄连豪	梁玲芝(女)
卢俊毅	易会通	阙日法	金海峰	黄小丽(女)
郑建雄	莫定雪	李丹枫(女)	刘必才	殷彬盛
周美花(女)	卢庆寿	章华琴	颜金宝	董服聪
董建峰	莫国章	叶祥林	董建新	童服球
林如豹	董章平	颜邦聪	叶艺水	程道增
董秉伦	叶开松	杜长虹	汪大义	沈新玉
熊德松	吴正勋	蒋建飞	王瑞明	董怀友
董长金	董潘水	林继华	江　鸿(女)	陈淑贞(女)
叶善林	胡金芳(女)	林金根	林第肖	董芳增
龚益德	陈贤良	杨金富	张礼清	吴康斌
林常贵	项金左	陈忠芳	肖华胜	徐岩平
林建洪	胡士斌	张绍荣	陈维荣	罗连枝(女)
苏光玉	苏剑飞(女)	陈建胜	叶大贵	高跳女(女)
李瑞金	沈晏清	江琴芳(女)	张煜章	林志侬
陈先义	曾大连	章华兴	许素琴(女)	姜福聪
林　玲(女)	陈玲素(女)	吕仁福	李志生	陈先为
盛　中	郑祖满	叶云龙	徐文清	苏招弟(女)
陈香玉(女)	颜邦光	彭爱花(女)	董虹霞(女)	杨宗清

陈紫燕(女)	洪建军(女)	王卫东(女)	叶晓琼(女)	薛忠祥
陈明相	莫国新	徐潇风(女)	叶建明	林第亚
肖圣满	陈　琦(女)	林海清		

坎门辅导站(55 人)：

叶葱柳(女)	庄爱贞(女)	胡辉荣	胡飞红(女)	林美素(女)
江春叶(女)	刘方钦	陈丽琴(女)	陈爱光	卢春凤(女)
张细叶(女)	许火云	郭玉琴(女)	骆爱青	刘建陆
吴兴旗	李孙福	陈明凯	郑建伟	李艳霞(女)
郑文斌	陈祥琴	潘辉平	王中平	杨再花(女)
陈艳梅(女)	陈婵娟(女)	郭馨艳(女)	林爱瑛(女)	罗云红(女)
庄岳文	陈春萍(女)	程丽萍(女)	梁伟吉	李　兰(女)
支成全	陈鸣喜	颜建倩(女)	陈玉柳(女)	潘贤强
王灵芳(女)	李海英(女)	李松国	陈建琴	郑龙火
柯友安	林荣华	张灵文	王明聪(女)	王松梅(女)
朱荷菲(女)	龚德菜(女)	郑新甫	薛秋华	金诗琴

陈屿辅导站(86 人)：

沈葱美(女)	游秋香(女)	许定钦	张惠屏(女)	洪玉娟(女)
林必剑	林传松	李瑞顺	李海霞(女)	翁由忠
金瑞明	叶明弟	陈诗幸	林开玉(女)	林爱菊(女)
林瑞芳	陈世平	林子闯	李孙广	苏友善
徐永琴(女)	沈贤伟	周学芬(女)	陈文忠	赵顺明
王兴真	沈祖菜(女)	陈玲爱(女)	程友长	林松花(女)
陈春霞(女)	林文畅	洪彩柳(女)	游奕武	林小香(女)
沈贤胜	林汝良	许海玲(女)	沈土享	林　峰
林必清	施昌财	王孝松	郑景春	郑中华
谢墩欣	赵顺金	陈　华	郑万友	沈贤立
游锦慧(女)	吴敬素(女)	罗邦兴	曾友女(女)	叶友彬
陈良松	游金立	沈珠玉(女)	许刘阳	沈伟清
高海明	卓才云	陈青英(女)	苏海飞(女)	杨爱明
刘连花(女)	何映映(女)	范国林	刘文寿	林银海
林良宽	孙锦华(女)	沈　华	苏冬桃(女)	姚文斌
沈崇相	王素玲(女)	黄有幸	刘红霞(女)	杨守宝
苏彩喜	许益平	郭爱珠(女)	林雪娣(女)	杨启燕(女)

林春芝(女)

鲜叠辅导站(36人):

吕　敏	孙国满	金冯琴	张天寿	翁皓斌
张文琴(女)	徐菊芬(女)	姚晓玲(女)	陈　萍(女)	倪文文(女)
陈玲芬(女)	徐时进	林梅玉(女)	陈其元	曾益水
曾细连	杨明福	李东斌	董加标	赵爱聪(女)
刘爱珍(女)	李　松	李孙满	陈帮顺	林香花(女)
黄金灿	李振清	徐宏斌	姚修荣	金启标
叶桂松	江仕琴	黄显慧	叶晓昆	黄朝英(女)
陈爱英(女)				

楚门辅导站(42人):

王　勇	王毳莺(女)	王连萍(女)	李丛芬(女)	叶善秀
应彩琴(女)	赵赛美(女)	张尧春	邢春财	褚素玲(女)
金洪初	孙登寿	钟正荣	李加增	李明才
张礼云	陈玉萍(女)	徐黄霜(女)	钟金初	夏美雪(女)
林荣红(女)	黄　华	黄友行	张纪夫	胡友美(女)
张夏琴(女)	叶纪纲	陈文奎	张加通	冯仁文
罗黎冰	金　江	戴　斌	林春萍(女)	林双英(女)
姚土法	孙素芳(女)	潘夏女(女)	吴夏富	潘新法
潘可芝	陈学友			

清港辅导站(97人):

孔祥松	王景林	陈小美	郑锦翔	潘凌峰
王万福	钟丹君(女)	倪石聪	李伟平	郑才康
陈天喜	潘寿力	严志秋	张云康	邱方琴(女)
陈　芳(女)	应黎华	陈天涛	李加才	林凤英(女)
胡菊女(女)	施志初	章根法	郑英姿(女)	章礼良
颜立夏	陈　强	陈启飞	颜志勇	赵才林
梁红灿	罗合秋(女)	赵金利(女)	胡秀蓉(女)	胡志方
卓旦喜	苏柏林	梁玲芬(女)	阮小秋	李贵法
郑斐玉(女)	徐学贵	张美新	吴琳姿(女)	钱万华
袁礼荣	张玲荣(女)	郑琳华(女)	吕灵君	陈成杰
徐君红	潘其华	颜美根	章春林	张爱国
褚灵芬(女)	孙道清	汪光夫	陈先云(女)	孙背青

孙良都	蒋招德	金新夫	王林标	李增旺
郑金旺	郑能敖	应福明	孙红周	卓云通
王保林	王银霞	郑盈雪(女)	郑修华	苏光西
张志云	高树文	罗夏华	章夏冲	陈美祥
吴小宝	蒋金夫	李金荣	江茂才	金君良
陈如宝	赵金岳	张礼峰	郑爱国	季英法
王维君	朱决联	张连文	郭宝福	方法根
胡秀君	陈　江			

芦浦辅导站(39 人)：

蔡庆明	何金钗	黄大夫	蔡秀东	黄祥德
池福清	陈美红(女)	潘玲芳(女)	颜通志	颜财豪
颜长虹	方直茂	张华娟(女)	张学金	林　霞(女)
包福根	金吉旗	郑长英(女)	娄飞燕(女)	江海云(女)
梁辉强	蔡青君	徐春球(女)	郑荣丰	颜玲芬(女)
颜会保	林彩霞(女)	郑岩友	陈道勇	颜确林
林兴国	颜祜增	吴克喜	李雪芬(女)	黄香华(女)
章建荣	蔡庆利	孙　云	张庆德	

沙门辅导站(22 人)：

宋海英(女)	章良才	陈友宝	孔玲芬(女)	王冰雪(女)
李金田	李学新	冯喜财	冯良青	丁学春
丁仙红(女)	黄希林	陈良桃	吴苏黎(女)	颜帮昌
林　都	邢美国	程庆旺	阮云彬	黄建军
蒋招美	林金芬(女)			

龙溪辅导站(53 人)：

陈雪峰(女)	陈安夫	曾长春	林维青	张加明
叶文琴(女)	王美芬(女)	林根夫	陶锡芳	夏桂兰(女)
陈　苗(女)	章海萍(女)	王春平(女)	马夏芬(女)	赵海丽(女)
王雪芬(女)	彭加泳	毛庆方	柯友福	仇福仁
叶继华	余洪德	林根进	莫素玲(女)	金玲娥(女)
郭爱芝(女)	罗连生	张灵华	张丹萍(女)	郭金斌
胡文燕(女)	滕道平	金才福	蒋海燕(女)	郭标秋
邵柳平(女)	王灵方	陈娇玲(女)	娄彩云(女)	罗连青(女)
舒灵桑(女)	林美娟(女)	黄国夫	肖金枝(女)	瞿金夫

张西金	林西良	王维忠	蒋利华	陈永寿
孔鹏华	黄锦梅(女)	张杰利		

干江辅导站(56人)：

陈银红(女)	陈霞琴(女)	唐根永	王纯林	李秋云(女)
赵文福	吴吉平	陈申满	吴龙伯	赵九华
陈仁光	李茂方	陈根夫	骆妙田	颜光冬
黄增福	朱方伟	林美桃	王方素(女)	徐素平
陈丹晓(女)	张珠云(女)	谢宜龙	龚丽红(女)	陈金水
朱灵华	祁洪聪	陈连菊(女)	陈根宝	魏美娥(女)
叶莲萍(女)	陈小兰(女)	林飞琴(女)	张文强	沈思清
陈新雷	李文昌	徐立华	张晓冬	陈赛平(女)
陈森祥	陈青冬	陈哲燕(女)	赵海雪(女)	贾玲芬(女)
蔡金雪(女)	林　燕(女)	黄锡强	王天菊(女)	倪志富
颜小凤(女)	陈方林	苏定根	陈米旺	邵秋才
朱圣海				

台州市农村管理干部中等专业学校乡村经济管理1995级中专班(38人)：

程六兵	李学志	郑财勇	郑景慧	陈义福
张春雷	陈丹飞(女)	吴建萍(女)	陈素菊(女)	施华芳(女)
胡蕴淑(女)	黄良国	王定峰	陈爱菊(女)	林　英(女)
姚宗阳	陈志国	管光益	陈必文	何海华(女)
陈　艳(女)	瞿金东	董剑峰	吴华志	李明才
许一薇(女)	陈素云(女)	陈帮法	叶余彬	胡迪鑫
游松银	阮万玉(女)	卓慧君(女)	黄惠君	叶仁迁
叶祥斌	黄永祥	曾万滨		

台州市农村管理干部中等专业学校乡村经济管理1996级中专班(35人)：

黄仕燃	吴荣树	苏翠云(女)	张美萍(女)	李素萍(女)
王祥聪	林丹萍(女)	葛素玲(女)	潘艳丽(女)	於爱红(女)
刘斯尹	林　素(女)	蔡颖丽(女)	陈　瑶(女)	肖云健
胡文彩(女)	吴国峰	颜玲飞(女)	薛彩萍(女)	陈候方
陶华旭(女)	张仲超	沈思荣	许　丽(女)	陈阿斌
张素夏(女)	叶善弟	章国荣	颜云才	池昌志
金婉萍(女)	蔡庆龙	张秀凤(女)	韩彩桑(女)	李必文

二、大专班

中共中央党校函授学院党政管理1989级大专班(67人):

毛志平 李冬红(女) 林存标 钟莲花(女) 王宏鹏
梁勇 王亚明 陈旭日 刘思玉(女) 陈晓晓(女)
盛光伟 金家平 叶宁(女) 王卫中 冯乡洲
冯丽诚 娄彩玉(女) 胡士敏 叶云龙 吴志龙
戴伟 马亚兵 方亚光 王峻松 颜颖
陈光火 叶军 周陈木 陈刚华 苏为民
冯光龙 章凌燕(女) 吴妙德 尚侯福 林太方
郑善森 蒋兴良 叶斌军 郭文元 赵崇巧
李茂芳 邵剑敏 张显福 林盛才 李朝兴
王维传 黄月松 陈彩勇 蔡宣法 杨良权
张建英(女) 江新月 林明义 张皓 陈岩富
汪扬琪 陈丁福 高潘金 张煜斌 李潘仁
连新星 孙建祺 徐宏庭 黄显情 陈敦中
姚碧松 徐增林

中共中央党校函授学院政治1993级大专班(46人):

胡士勇 林虚勤(女) 洪丽燕(女) 苏为根 李缀野(女)
陈文革 李峰 林宝良 王世平 谢丽萍(女)
王文辉 刘必荣 王素芝(女) 林爱文(女) 连增钱
林仁玲 胡剑林 金慧琼(女) 林福明 林可清
林松娥(女) 骆建平 尤嘉泉 杨生平 李国立
王美霞(女) 陈相林 胡再雷 吴美英(女) 黄文芝(女)
朱晨霞(女) 吴荣彬 王天德 汪兰芳(女) 项秋霞(女)
王建新 林泰聪 陈君钦 金晓文 王永红
沈兴龙 沈灵方 陈奇 陈素丽(女) 林楚炳
金建生

中共中央党校函授学院经济管理1994级大专班(80人):

江兴法 林玥(女) 何细菊(女) 孙敏玲(女) 林菊香(女)
杨志建 李金春 张柳凤(女) 黄希波 金文斐(女)
林慷 林芳(女) 方丽芹(女) 李刚敏 张晓华
郑丽娅(女) 朱晓初 郑永红(女) 邵少华 张文霞(女)
董福英(女) 张美香(女) 陈勇(工商行) 李宏 王淑君(女)

林雪峰	陈丹超(女)	陈春琴(女)	王新华	董强峰
林荣伟	盛素荷(女)	陈宝福	林湘秋	卓林雄
蔡金香(女)	詹福章	王增彪	林定保	赵崇斌
孙丽芸(女)	林春平	黄海虹(女)	龚时群	王文军
谢桂秋	刘爱聪(女)	阮文华(女)	陈　江	张素芝(女)
金启光	黄永平	金华松	曾建华	林文平(女)
叶平花(女)	许　鹰	张　逸	潘宋根	罗雪君(女)
王剑峰	张卫东	高兆法	潘震军	杨冯标
刘杰辉	林秋萍(女)	杨艳艳(女)	朱海霞(女)	金复土
王美琦(女)	钟红辉	冯梦涛(女)	洪丽芳(女)	龚立波
陈　勇(财税)	杨　芬(女)	陈景望	骆文祥	阮雪萍

中共中央党校函授学院经济管理 1995 级大专班(120 人):

陈赛霞(女)	杨　净(女)	陈文斌	包沧桑(女)	潘旭峰
陈韶俐(女)	陈　强	章纪初	吴黎旭(女)	陈　红(女)
沈凤霞(女)	周新华	王斌峰	潘剑峰	郑新源
许再天	孙文爱(女)	武传果	王晓丹(女)	林芸芸(女)
陈　锋	金启建	郑　琪	郑琪明	林　峰
陈建雄	张清华	麻锐杰	华孝忠	张文辉
钟龙秋	卢素弟(女)	张卫华(女)	赵剑彬	杨秀珠(女)
高建飞	虞新华	徐春燕(女)	林云新	徐跃军
朱琴筱(女)	梁玉钢	童海军	黄君玉(女)	金汉林
倪　海	陈明献	刘　华(女)	杨　康	张碧海
姬　强	赵春庆	金建明	李孙斌	许红华(女)
苏宗辉	陈永平	胡载伟	陈坚烽	徐增智
陈　峰	叶长青	胡义秀	余旭峰	金碧辉
李展明	陈樟锋	胡楚峰	鲍海华(女)	杨良平
虞国峰	陈根香(女)	叶永伟	陈建明	黄德建
陈荣香(女)	徐崇静	项翊列	王　晟	李雪红(女)
林伯明	孔祥军	王　平(女)	洪海红(女)	叶智勇
阮美虹(女)	陈　婷(女)	张懿华	梁徽勇	陈德明
周钦义	梁　淑(女)	李松柏	郑华玉	罗明春
莫小平	叶兰美	叶尚聪	耿江平	徐芝莲(女)
陈玉琴(女)	林　振	林秋红(女)	潘时清	俞晨江

陈必军	吴云忠	吴海平	游奕华	陈晓静
杨金宝	林馀方	周　林	陈杰清	余　剑(女)
吴琐琐(女)	李剑敏	林青铄	詹娇琴(女)	林智娥(女)

中共浙江省委党校函授学院经济管理 1997 级大专班(123 人):

颜美芽(女)	陈久亮	张海舟	陈文雅(女)	刘红霞(女)
陈官明	江新伟	黄莉荣(女)	刘永增	施克聪
陈聪仕	郑达琴	刘万林	林宗福	苏光明
林金玉(女)	章　敏(女)	颜世贤	方灿琴(女)	屠立瑛(女)
刘文忠	李海峰	朱　兵	林　丽(女)	胡正生
陈晓红(女)	颜素琴(女)	李碧波	张国力	陈　华
陈志国	黄旭红(女)	李金奕	黄有贵	张　炜
徐晓东	林秀明	李庆华(女)	金丽敏(女)	蔡香萍(女)
金文平(女)	陈文俊	颜智勇	钟丹君(女)	潘凌峰
郑英姿(女)	张素花(女)	袁新峰	陈礼平	李良波
林水元	郑文新	苏艳红(女)	张　标	余旭明
董服标	倪葱娥(女)	林　隆	韩　蕊(女)	余乃文
陈所美	陈淑贞(女)	谢志伟	蒋小青(女)	赵　丹(女)
王乃情	施　华(女)	徐丹峰(女)	王炳英(女)	王增华
林有征	周定彩(女)	江　汾(女)	贾如良	周福良
姚元军	朱从义	陈继斌	杨宗叶	庄萍萍(女)
陈　霞(女)	段清义	徐　刚	吴金木	张益峰
王晓敏(女)	黄河清	王佩超(女)	华美淑(女)	陈　文
侯国燕(女)	林海清	陈俊滨	林大聪	华孝青
龚建国	王楚君(女)	梁宸琢(女)	尤剑虹(女)	徐剑峰
黄有强	黄菊花(女)	陈英忠	郑　俊	朱明云
娄彩虹(女)	付芬蕊(女)	车丽华(女)	叶英德	郑　云
王加峰	林德志	黄桂福	姚土清	李明新
屠德海	李一明	朱　敏	姬　明	梁　燕(女)
傅崇扬	陈玲芝(女)	韩聪斌		

浙江经济管理大学 1998 级大专班(58 人):

(资料缺失)

中共浙江省委党校函授学院经济管理 1998 级大专班(108 人):

陈　勇	金国才	董海鹏	孙宏伟	莫云和

陈启伟	林璃波	赵小平	方　斌	范日升
许建达	翁美华(女)	李芝利	叶加兵	郑常林
颜琼瑶(女)	赵林君(女)	颜莉莉(女)	陈　峰	孙　骏
金建雄	陈　军	金建斌	施琛国	陈法林
林列霞(女)	方　华	陈祥胤	陈绪坚	王　驱
王英姿(女)	徐赛英(女)	陈高峰	王文玮	梁景文
陈志可	林有源	沈华忠	林忠东	黄秋红(女)
彭加青	王建芬(女)	郑松林	王建琴	阮旭明
俞灵江	李　景	张海芬(女)	陈秀岚(女)	钟笑宇
耿玲姜	傅梅林(女)	徐雪珠(女)	许锦伟	苏光锋
曹丹峰(女)	许海燕(女)	叶春柳(女)	胡海青	张忠佩
许新权	王冬娟(女)	贾旭日	颜晓燕(女)	李必文
郑中华	曾方平(女)	林建平	李　峰	赵晓阳
林道法	李　旭	黄雪静(女)	张展廷	陈　琳(女)
汤泽中	汤泽农	王浩江	彭爱姑(女)	陈海燕(女)
余　莉(女)	洪　慧(女)	杨志清	钟加树	陈道财
吴立箭	高美珠(女)	黄志坚	金　巍	洪春芬(女)
高梅芳(女)	梅振辉	周　晓	吴恩见	刘君琴
耿珠峰	陈仁法	周伟刚	周学达	叶祥祺
张时新	李建敏	黄立锋	董服德	林海清
陈　剑	蒋晶晶(女)	郑夏清(女)		

台州市行政学院经济管理 1999 级大专班(56 人):

林应木	俞龙钗	潘夏娣(女)	李祖华	张金虎
陈文斌	黄元信	刘斯荣	周加日	谢兵顺
陈新友	潘辉平	颜传能	陈明春	颜扬渠
潘鹏辉	詹永生	王好平	金学文	侯兴国
颜建倩(女)	林荣业	吴可富	沈春明	王美燕(女)
阮楚生	李良富	耿秉行	吴剑平	陈纪林
陈兴标	林佑福	张晓东	沈兴萍(女)	郑景春
梁亦贵	林道纪	池昌志	陈友明	曾细连
吕　敏	符文云	施维军	潘其华	颜志初
郑斐钰(女)	陈　辉	吕华亮	黄希林	李金田
应展禾	朱灵华	应春志	金士兰	姚康法

张增广

中共浙江省委党校函授学院经济管理1999级大专班(126人):

郭雪芬(女)	钱灵雪(女)	张吴烽	林初荣	蒋其云
陈小斌	蔡美玲(女)	陆海玲(女)	曹雪芬(女)	曾永昌
王美燕(女)	罗连青(女)	池建安	胡云萍(女)	胡云戬
王筱惠(女)	胡仙丽(女)	黄朝晖	张海勇	李洁纯(女)
陈国林	彭文鸽(女)	余　琴(女)	余　乾	侯　娴(女)
黄丽雅(女)	陈高炜	郑永蕙(女)	苏丹旭(女)	叶金连(女)
吴　健	华汉领	李孙福	林　芬(女)	林斐斐(女)
李东胜	陈秀环(女)	潘　菁(女)	林祝义	徐巧华(女)
林　建	潘建平	金朝晖	骆文彬	许炜炜
张　凯	张维彪	柯星频	庄文华	梁伟吉
陈　伟	郑葱娥(女)	林　芳(女)	林　萍(女)	林　莉(女)
罗利君	熊德兴	刘田明	金　峰	郑燮滨
叶云强	顾文东	李学斌	黄旦芳(女)	冯　萌(女)
郑建华	黄雪芬(女)	董伯珠(女)	董伯琴(女)	陈　明
郑　军	林　杰	陈显光	赵仁国	冯必峰
王文广	温　雅(女)	蔡　静(女)	万丹文(女)	徐秋丁
徐小华(女)	韦　燕(女)	叶　青(女)	丛文敏(女)	何　华(女)
林崇娇(女)	王敏燕(女)	王令聪	钟文华	倪青法
潘寿力	陈林枫	吕旭云(女)	周文珠(女)	林雪萍(女)
潘敏慧(女)	阮积顺	阮晨霞(女)	刘叶学	刘叶秋(女)
刘叶夏(女)	刘一蕾(女)	陈丽荣(女)	方国英(女)	詹　波
林　珏(女)	林　彬(女)	李小珍(女)	陈煜辉(女)	蒋云英(女)
陈定贵	连忠柳(女)	林利民	张仁寿	张素珍(女)
毛庆良	骆曙明	孙火龙	陈文娟(女)	庄琼花(女)
袁海雪(女)	黄　仁	胡金芬(女)	叶拥军	余　华
黄志坚				

台州市行政学院农村管理2000级大专班(51人):

陈素宝(女)	王春标	李明昌	林方满	符文锋
董国才	黄道福	江叶光	张光国	黄道才
苏公平	钟邦云	李文敏(女)	杨春见	卓木云
林银球(女)	胡良乾	沈文芬(女)	林丕玉	陈祥琴

叶纪纲　钟正荣　陈普林　黄象刚　冯仁文
黄友美　罗黎冰　徐洪福　陈森祥　郑　丹(女)
吴水彬　郑金清　孙良都　章春林　郑正叶
钱万华　赵径岳　陈招宝　李于昌　莫康才
黄仙君(女)　林灵来(女)　颜帮夫　杨春方　郑义铭
黄坚松　颜确林　江德通　杨细金　黄显慧
符银凤(女)

中共浙江省委党校函授学院经济管理2000级大专班(95人):

陈　申　陈旭红(女)　李　斌(女)　李丹君(女)　陈和平
余玉淑(女)　余玲俐(女)　张文平　张颖文(女)　詹　望(女)
林　晶(女)　王鸽文(女)　叶海霞(女)　陈桃锋　严云方(女)
王敏霞(女)　瞿斌峰　柯启松　黄开敏　张霜红(女)
许君芬(女)　叶继勇　吴坚毅　曾长青　刘文清
苏光杰　周薇薇(女)　李肖玉(女)　郑　挺　蒋秋琴(女)
孔美云(女)　应华龙　金　艳(女)　陈张德　王　华
王富德　阮剑锋　陈　强　骆　忠　许倩华(女)
王静君(女)　叶佩芝(女)　陈海波　朱振东　丁春雷
郑　健　蒋丽君(女)　翁海蓉(女)　王　昱　孔　颖(女)
林　渊　江　锋　陈振民　王在峰(女)　李伟峰
方　静(女)　陈　刚　王贞娴(女)　陈金东　于冬梅(女)
王珍慧(女)　李　明　何文斌　江　一　王建芬(女)
张仕海　江昌德　阮威订　陈京江　薛金璋
李伟勤　林美云(女)　陈　肖(女)　虞巧雪(女)　钱晓霞(女)
陈　展　叶　艳(女)　陈建国　方海云(女)　钟振斌
陈　辉　董巍巍　陈灵芝(女)　叶建跃　陈力俭
潘海强　郑增福　蒋益鹏　曾　蓉(女)　孙建树
黄国聪　陈一林　龚时连　吴思尧　吴福青

中共浙江省委党校函授学院经济管理2001级大专班(93人):

黄玲女(女)　潘　晶(女)　洪淋君(女)　郭振宇　薛必胜
王熙升　姚金明　鲍卫斌　高正军　殷阿美(女)
陈　杭　王文斌　郑新泉　林素华(女)　江　波(女)
郑丹卿(女)　洪　浩　严雪林　李玲娟(女)　冯玉霜(女)
吴雅琴(女)　吴巍峰　谢凯通　陈义阳　孙贤勇

许道元	周智龙	林金素(女)	林　瑛(女)	王夕燕(女)
金敏旦(女)	苏长国	薛贤华(女)	舒建平	王丽霞(女)
王锋雷	吴红霞(女)	赵燕飞(女)	高海明	陈文芝(女)
骆奇峰	曾林胚(女)	颜贞菲(女)	骆海峰	连新利
孔祥波	严长江	王　华	詹红英(女)	李建华
蔡庆利	叶　娇(女)	颜　斌	郑春利(女)	王建设
曾　荣	顾　越	邵再滨	董春晓(女)	戴勤刚
金永建	陈　冰	杨赛君(女)	张斌权	邓小强
苏飞萍(女)	林　艳(女)	马丽红(女)	林晓叶(女)	李丛芬(女)
黄小红(女)	叶桂彪	陈　磊	黄　河	林琴琴(女)
翁雯瑾(女)	陈照妹(女)	林　义	夏　侠	李作美
郑元荣	陈隆雪	黄建军	蔡庆明	郑通喜
车建军	支成全	谢锡平	姜爱民(女)	林　冷(女)
于　斌	李长良	杨玉平(女)		

台州市行政学院农村管理 2002 级大专班(98 人):

苏为聪	陈友平	胡义光	苏为方	章兴富
陈道林	金春富	潘绍兵	林第亚	林德世
陈春梅	张秋玲(女)	董秉福	章华棋	王立东
连旭明	潘艳丽(女)	刘寅琴(女)	符正岳	张丹爽(女)
陈桉宇	潘延义	庄岳文	黄德正	庄　亮
李　勇	朱维玉	薛余松	王进勇	潘爱云(女)
李海英(女)	李飞英(女)	张细叶(女)	黄秀珍(女)	陈景秋(女)
潘海华(女)	陈小平(女)	郑念菊(女)	王丽君(女)	王星波
陈春东	林　军	张文强	林必武	叶兰银
李服生	肖若玉	黄岩炳	卓桂招	洪彩柳(女)
苏彩喜	陈仕宣	孙锦华(女)	梁金媚(女)	苏友善
蔡青君	林明梅	林友美	郑长英(女)	金婉萍(女)
钱素云	黄　鹏	金洪财	施光华	潘连青
张仲敏	林仁波	林其荣	蒋纪云	潘章满
金彩平(女)	狄绍增	任迪坤	王天国	徐　峰
祁洪聪	王福明	方灵云	龚丽红(女)	叶景华
金光芽	薛菊良	余加满	卓金满	黄友平
汪贤能	张秀林	李金荣	陈林德	林琴梅

章纪华	郑善松	金君良	郑灵飞(女)	陈根云
陈军华	钱云舜	梁辉文		

中共浙江省委党校函授学院经济管理 2002 级大专班(75 人):

翁浩碧	林志闯	蔡剑姿(女)	郑祖福	陈志强
戴节峰	潭伟林	郭　凯	王相初	王君林
叶丽霞(女)	吴苏黎(女)	李春斌	孙　敏(女)	林国良
潘海波	张建芝(女)	于怡华	董晨英(女)	林　琼(女)
蒋兴文	郑通贵	张明光	倪根土	陈　宏
江　斌	董方彪	戴　臻	陈海南(女)	陈小美
干方鸣	马海萍(女)	黄雪艳(女)	李伟平(女)	赵世勇
张一环(女)	林香花(女)	朱冰峰	吕海峰	王文杰
於庆利	滕建华	吴立静	郑彬勇	金秀菊(女)
戴文燕(女)	陈　赟	苏丹英(女)	陈年春	陈　坚
陈丽华(女)	郑文珏(女)	马明霞(女)	李红芳(女)	陈洪益
陈朝霞(女)	翁爱香(女)	曾永贵	冯海苹(女)	林义福
林华荣	陆绍海	叶　敏(女)	林　哲	陈水松
罗金夏(女)	蒋雪飞(女)	陈　斌	谢辉剑	李建芳
虞国英(女)	李文华	陈俊卿(女)	金秋红(女)	胡海军

台州市行政学院农村管理 2003 级大专班(97 人):

叶开志	叶大昌	曾洪明	尤国安	张学顺
林第星	陈士亮	谢小国	林建华	连振斌
陈统兴	庞志同	苏为连	林峰波	潘江海
张小杏(女)	陈仕标	张煜章	赵崇梅(女)	胡尔松
蔡维峰	董芳增	王以福	胡再柏	林国芬(女)
蒋加青	林立红	蔡敏刚	章晓洁(女)	林子法
郑文娟(女)	鲍玲军	应小平	苏裔岳	林朝峰
黄启东	杨辉平	刘　燕(女)	邵碎女(女)	林荣华
王中波	潘剑耀	陈木芬(女)	余葱霞(女)	李向军
郑秀红(女)	林艳婷(女)	陈瑾峰	张灵文	陈义鹰(女)
陈建琴	贾春池(女)	沈仕平	陈其元	许益国
董服树	沈贤胜	吴成土	仇春梅	郑金富
蒋万才	王思春	林金钢	陈荣祥	王建英
张子祥	季匡法	袁礼荣	金松华	伍亨礼

贾玲芬(女)	陈赛平(女)	林　芝(女)	林贤良	吴善惠
陈　瑞(女)	郭英慧(女)	蔡王芳(女)	李宗根	杨　叶
潘传国	叶善里	龚时杰	潘琴旺	陈灵燕(女)
蒋祖光	高正财	邵仁友	王永清	彭加泳
陈传达	颜才豪	郑君苏(女)	蔡春晖(女)	颜如玉(女)
黄友胜	李海艳(女)			

中共浙江省委党校函授学院经济管理 2003 级大专班(28 人):

潘建国	林　军	胡希云	王卫国	金晓波
程生平	林天荣	潘培然	黄　康	金士国
周斌斌	江茂才	孔海德	林仁美	郑睿玮
陈志林	张丹爽(女)	王福青	颜雪英(女)	王建飞(女)
孙　武	苏为龙	洪金云	李　剑	汪小平
蒋素娇(女)	孙建华	程月华		

中共浙江省委党校函授学院经济管理 2004 级大专班(31 人):

林第八	李彩萍(女)	王玲飞(女)	余建义	张国平
郑友乾	张　军	姚建华	曾怀鹏	盛　敏(女)
盛　雪(女)	龚灵燕(女)	李明娣(女)	应　军	陈再春
高耿峰	陈海斌	李　鹏	陈刚杰	郑东力
方　平(女)	方张峰(女)	叶　穗(女)	许剑勇	徐军辉
胡玲俐(女)	李光灵	熊德华	许容进	管登杰
吴鸣钟				

台州市行政学院农村干部 2004 级大专班(57 人):

张荣华	罗维玉(女)	芮玉燕(女)	黄优春	郭香女(女)
林　枝(女)	廖建钗(女)	李士祥	林仁满	董秉雪
杨学富	郑小英(女)	郑建新	梁薇薇(女)	连新满
董伯清	董服德	潘晓云	汪士占	苏长雷
陈　斌	张福秋	陈正法	尤玉良	汪金保
郑才清	张通初	罗永岚	应招平	孙勇兵
曾国民	黄惠君	毛庆文	李美珍(女)	林根旺
冯黎明	叶纪华	罗连生	王建峰	王根夫
吴灵峰	梁启银	黄国儒	吴华江	陈亨岳
苏扬火	陈银治	丁华霞(女)	林继杰	柯云娟(女)
郑巧云(女)	陈允东	蒋国清	金伟俊	卓文军

叶俊林	郑义进			

台州市行政学院农村干部 2005 级大专班(84 人):

梁景明	蔡斌水	董建峰	郭显春	邱镇才
刘寅淑	陈光锋	刘作满	郑建雄	林成苗
林春表	施昌林	吴仁相	张小友	王如宝
李良法	盛成法	郑敏霞(女)	林尚亮	章国芳
蔡　晟	姚桂英(女)	杨亦平	陈学青	章泮林
王达美(女)	李文铭	陈良书	徐时进	林有贤
肖去锹	林高燕(女)	黄品金	刘　斌	徐阿小
林子彪	王仕奇	陈诗强	姚宗转	姚必理
姚必清	陈佐强	陈仕兴	林贤尧	黄福东
林文斌	陈林贵	林馨宇	金洪初	蔡赋祥
颜才林	韩彩桑(女)	罗美丽(女)	陈佰林	李华君
张孝顺	叶兰军	施美玲(女)	林宝玲	张根林
郑　丹(女)	许火云	潘支明	张　帅	王明聪(女)
许文青(女)	骆胜国	吕红伟	蔡灵明	张利兵
梁合文	郑义建	陈庆永	林长贵	谢良尧
郑福全	林合国	孙纯明	尤先福	詹淑容(女)
陈海燕(女)	黄世勇	林素琴(女)	罗永芳(女)	

台州市行政学院农村干部(清港)2005 级大专班(70 人):

苏光锋	金保顺	陈仁忠	季维青	江子岳
陈火华	梁瑞培	蒋金林	林万合	王领亨
吴小宝	吴善忠	李加钿	季叶夫	张荣夫
曹近康	王保夫	阮存华	颜孝通	林存地
谢兴田	王通兆	黄勤荷(女)	孙云平(女)	王维君
郑兴标	黄东初	张云林	袁仁初	黄杨杰
丁法林	黄克云	高树文	黄　正	郑红光
赵招夫	严君生	张经德	赵崇云	周军辉
陈　兵	赵济福	郑雪英(女)	徐君仁	王荣法
颜灵君	章锦锋	王光斌	赵崇江	韩柏林
胡存国	汪光夫	林顺斌	赵记友	林如光
尚候聪	尚候贵	蒋林聪	郑义兵	孙仁尧
陈正都	金法清	王士夫	郑立新	洪根友

金新富	林如贵	谢招根	黄宏勤	孔敏红(女)

台州市行政学院农村干部2006级大专班(119人):

卓大方	姜良荣	周　瑞	郑伍萍(女)	章国相
胡加坚	江家建	陈明荣	胡经义	陈岳智
赵章平	董岩松	董西兴	葛忠建	阮　屏
董高华	叶国满	李海清	陈德川	董服明
周许英(女)	陈顺进	陈世平	黄金木	孙建星
李孙连	张娟华(女)	何小英(女)	何美华(女)	梁辉金
范礼琴(女)	林必清	刘亦宣	陈增相	李启进
姚金友	翁天旭	梁泰春	余中碧(女)	林金崇
张蓓芸(女)	张益顺	章学正	黄祥波	林礼德
叶国江	戴彩燕(女)	冯　杰	赵领平(女)	吴德美
阮北辉	吴文渊	林善森	胡扬通	赵纪满
倪孔能	王存良	郑兴江	林赛珠(女)	林纪法
陈世耀	屠申水	黄道平	戴森兵	王肝旭
黄孙斌	梁秋吉(女)	许卡兵	潘财登	潘海金
柯世丁	林明建	潘秋强	潘贤礼	任文凯
许道江	李　政	陈苏国	郑秀贞(女)	郑巨国
梁兴安	庄道芳	罗素根	李长华	张礼法
倪云程	吴秀兵	连　佩	薛蔺烽	陈定夫
林子恒	吴米宏(女)	王圣红	蒋招明	颜才定
林子群	梁加庆	蔡天于	林丹平(女)	范军圆
赵友法	林　华	叶云华	章根才	张才满
李茂芳	盛才米	黄法钿	吴根法	叶敏燕(女)
陈才斌	詹清华	陈通利	郑胜利	李文昌
林玲云(女)	黄莉平(女)	庄黄杰	黄其才	

中共浙江省委党校函授学院经济管理2007级大专班(37人):

陈永寿	林建峰	叶凤君	胡建华(女)	黄丹燕(女)
王卫华	罗国法	高爱菊(女)	蒋云平(女)	潘江峰(女)
孙　忠	陈　斌	瞿金富	叶瑞杨	江希明
杨光海	颜贻剑	郑念昕	郑丽娟(女)	华　辉
谢雨苗	李丽君(女)	孔鹏华	陈丹娴(女)	倪青才
陈　微(女)	苏大宣	蔡族树	查泽刚	谢米雪(女)

林莉莉(女)　刘　峰　阮斌峰　张敏青(女)　叶佩晓(女)
包淑芬(女)　周庆军

台州市行政学院农村干部 2007 级大专班(68 人):

李明聪　胡梅青　戴文波　陈德友　林　伟
林申华　黄连雪(女)　吴鸣钟　林贤尧　王招平
黄贤传　干国林　郑大满　张明傲　陈丽萍(女)
陈兆云　陈景锋　王直来　殷全寿　张茂华
龚益德　叶会昌　詹华平　张学飞　卢衍聪
潘飞武　刘学才　黄冬花(女)　谢招增　吕招法
李明华　汪德寿　蔡其洪　叶如华　黄松土
陈良法　林根华　马玲燕(女)　蒋淑文(女)　吴纪仁
洪明微　黄金华　黄克明　王杨平　陈加祥
赵崇江　王修善　周　峰　黄杨文　林大川
张杨法　张碎英　杨陈兵　游修本　徐立华
阮斌峰　应宇夫　张君辉　潘孝喜　柯寿景
柯爱文　王伍平　王云义　王云胜　林荣泉
陈一平　陈志荣　韩国英(女)

台州市行政学院农村干部 2008 级大专班(80 人):

应朝辉　颜子秋　张福云　盛法红(女)　林云肖(女)
盛青军(女)　章明朋　蔡夏德　孙登祥　许礼兵
盛美芳(女)　谢墩欣　郑文国　张　华(女)　陈维行
肖文贤　柯友金　吴根林　张士法　李修华
林银华　林于开　徐礼寿　黄道喜　黄道华
黄夫根　王宗华　吴建富　章秀斌　钟文龙
孙灯寿　戴金喜　林存康　应　杰　许林华
章良才　王正才　王　惊　林光明　王金良
陈银旺　潘可苏　郑灵敏(女)　徐培发　叶善岳
章方荣　王合龙　黄锡强　应宇胜　赵志法
苏光燕　郭子平　沈贤真　刘至龙　林菊飞(女)
应通君　黄恒飞　刘华林　姚永春　陈杨亲
陈洪君　张陈铸　张林娣(女)　张利君　郑达君
庄芳菊(女)　陈明强　陈时益　颜传良　杨锐敏
潘贤进　施成华　林德森　李海红(女)　连正前

方加林	高卫东	何必根	黄希云	江丽英(女)

台州市行政学院农村干部 2009 级大专班(72 人)：

杨合火	吴增龙	林瑞华(女)	刘雪芹(女)	张良眉(女)
颜祐祥	龙继梅(女)	林招水	林海斌	林美玲(女)
史学芳(女)	杨玲英(女)	曹海玉(女)	黄小娟(女)	郑赵丹
张财建	叶其德	许道田	金学根	郑有彬
郑景远	郑英青(女)	赵腾超(女)	钟玲云(女)	丁安云
仇敏峰(女)	陈纪琴	赵才国	杨艳萍(女)	林红云(女)
蔡剑肖(女)	林芬平(女)	孙剑秋(女)	黄美丽(女)	王美丽(女)
金玉珠(女)	郑建云(女)	沈海燕(女)	黄灵肖(女)	钱云文
应新海	胡定佑	王体国	张学聪	葛定毕
陈显荣	郑玉婷(女)	胡士苗	张康华	陈慧萍(女)
林邦稳	苏小红(女)	李俊霞(女)	罗昌余	林邦祝
胡华峰	郑秀炎	陈余粮	陆海霞(女)	陈坤柏
庄敢想	梁世程	吴法林	黄玉华	陈玉宝
郑建敏(女)	施小秋(女)	陈礼生	王巧巧(女)	林　鑫
郭丽云(女)	黄明星			

三、大学本科

中共中央党校函授学院行政管理 2001 级本科班(140 人)：

陈高峰	吴黎鸣(女)	林芸芸(女)	陈志国	吕哲斌
陈　斌	叶善松	姜文亮	石风艳(女)	江新伟
林志范	林金玉(女)	朱启强	刘震洲	李晓海
郑崇林	梁永弟	高潘金	许亚栋	曾春光
余海勇	姚碧松	陈云峰	周红宇	章志剑
冯广积	张　宏	胡仙丽(女)	蔡万青	尤嘉泉
陈建民	金慧琼(女)	王庆飞	黄德建	林海青
杨治兵	陈继斌	董服华	郑善森	盛光伟
施　华	熊德卿	张仁寿	王增华	蔡国庆
王冰莹(女)	黄菊花(女)	周　晓	吴立箭	高梅芳(女)
梅振辉	王新华	周立雄	李金春	杨志建
孙　骏	连增钱	王梦林	余旭明	毛素红(女)
陈晓红(女)	张忠佩	王璀琴(女)	袁莲芳(女)	王冬娟(女)
郑夏青(女)	高函宇	林贤飞	苏维根	董剑峰

郑永红(女)	刘杰辉	林宝良	林荣伟	符进友
王新华	蔡昌富	吴黎旭(女)	俞灵江	李　景
陈淑贞(女)	赵忠华	王素芝(女)	吴金木	钟胡兰(女)
应　军	林水元	冯海燕(女)	祁国伟	谢招云
陈燕雪(女)	朱方旭	邵少华	余　莉(女)	孔祥军
李俊松	倪　海	林忠东	金家平	郑新源
谢国欣	邵忠富	梁　燕(女)	王　驱(女)	韩聪斌
李光聪	林可清	林　佩(女)	沈卫东	耿玲姜
王　华	耿珠峰(女)	刘君琴(女)	陈　婷(女)	郑文新
周伟刚	叶开峰	黄金顺	林法土	陈　勇
陈仁法	陈丹芳	连合青	袁新峰	陈礼平
胡正生	李碧波	李良波	龚时群	金文平(女)
林湘秋	虞国峰	张素花(女)	王　平(女)	叶兰美
周福良	方　赟	吴卫华(女)	李震宇	陈杰清

中共中央党校函授学院行政管理 2002 级本科班(71 人):

瞿洪土	叶智勇	包沧桑(女)	林瑞波	李振波
陈文亮	季　宏	罗利君	李芝利	刘爱聪(女)
尤剑虹(女)	林英姿(女)	黄文芝(女)	潘凌峰	陈君肖(女)
倪青法	吴根义	徐芝莲(女)	金荣通	钟辉军
黄旦芳(女)	陈文娟(女)	曹雪芬(女)	吴美英(女)	胡再雷
胡存江	叶英德	吴福青	洪进锋	施克聪
黄春玲(女)	车丽华(女)	华汉领	李学斌	胡妹青(女)
林高龙	盛建平	周明高	赵仁国	季华群
盛子顺	李向阳	陈秀岚(女)	孙火龙	姚玉香(女)
王相岳	陈岩富	孙建琪	徐宏定	郑燮滨
曾永昌	曾县区	韩　蕊(女)	鲁加才	林有征
侯　娴(女)	葛文东	林定春	赵　丹(女)	洪方君
董西宇	徐海英(女)	林福明	郭雪芬(女)	郑美芳(女)
潘寿力	陈毅法	陈素丽(女)	郑英姿(女)	陈定贵
王敏燕(女)				

中共中央党校函授学院行政管理 2003 级本科班(44 人):

王文辉	林仁玲	赵凌君(女)	孔美云(女)	丁春雷
郑　挺	曾长青	刘文清	陈　强	王　华

阮剑锋	王富德	瞿斌峰	叶云强	吕文勇
戴金永	赵水法	章　敏(女)	陈　肖(女)	颜世贤
虞巧雪(女)	李丹君(女)	方　静(女)	孔　颖(女)	胡楚平
方海云(女)	江　汾(女)	苏光作	林玉平	林明珠
管旭荣	苏海华	苏宗辉	陈　冰	叶建跃
江昌德	吴坚毅	郑　健	吴思尧	陈一林
李海峰	潘　敏	汪　一	王立志	

中共中央党校函授学院公共管理2004级本科班(55人)：

张玲香(女)	曾瑞平	叶长林	张扬顺	钱晓霞(女)
林金文	李海滨	洪丽燕(女)	黄玲女(女)	许道元
颜智勇	冯玉霜(女)	陈　申	殷阿美(女)	林素华(女)
林丽遐(女)	郑新泉	杨　明	吴雅琴(女)	蔡庆明
骆海峰	张雪琼(女)	陈静波	曾　荣	薛必胜
陈秀环(女)	郭振宇	洪琳君(女)	陈　伟	潘　晶(女)
项国英(女)	曾华贵	游雪英(女)	鲍庆福	梁　淑(女)
黄崇志	郑祖满	陈绪坚	陈云岳	邵英松
潘明贤	林仁碧	李文华	陈隆雪	黄建军
郑元荣	吴　珍(女)	胡云萍(女)	王菊燕(女)	徐丹峰(女)
李作美	胡云戬	金朝晖	陈　华	潘宋根

中共中央党校函授学院公共管理2005级本科班(25人)：

林　义	陈婷婷(女)	蔡占红(女)	徐　峰	冯海萍(女)
董国英(女)	张维彪	林作青	张　伦	林仁斌
李伟平(女)	黄雪艳(女)	马海萍(女)	千方鸣	王君林
王相初	吴学华	庄荣荣(女)	王晓军(女)	邵剑敏
柳海英(女)	庄金法	陈朝国	黄秀珍(女)	吕海峰

中共中央党校函授学院公共管理2006级本科班(39人)：

梁徽勇	孔泓英(女)	苏辉霞(女)	王新贵	蔡其方
邵明肖	李春斌	林文平(女)	蒋筱利(女)	陈金辉
林　巍(女)	詹娇琴(女)	张展延	王叶芳(女)	林丹峰(女)
王佩玉	林万明	王美霞(女，林特)		吴宝童
郑加富	陈匡品	陈冬玲(女)	於庆利	应方贵
王美霞(女，干江)		郑世友	蔡佩丽(女)	黄明华
潘建国	梁景文	杨冯潘	陈义阳	郑通喜

赵崇斌　　陈英元　　叶　诚　　许炜炜　　陈丁福
郑　瑾(女)

中共中央党校函授学院经济管理 2007 级本科班(40 人):

李文刚　　林　刚　　陈金东　　陈林枫　　陈康明
徐梦婕(女)　　李良池　　林吉隆　　詹　望(女)　　赵展神
蔡清桦　　赵美萍(女)　　余　俊　　金江麟　　朱晓初
徐　笠　　张仕兵　　陈成伟　　沈兴龙　　张国力
杨慧玲(女)　　陈英忠　　赵加富　　赵鲁哲　　林第八
林　莉(女)　　马明霞(女)　　陈浙燕(女)　　陈秀丽(女)　　陈薇薇(女)
干治中　　梁艳芬(女)　　陈志强　　陈玲华(女)　　王静君(女)
颜　敏(女)　　郑可方　　李丛芳(女)　　龚玲花(女)　　张继宝

1985—2012 年中共玉环县(市)委党校学历教育情况表

表 4－1　　　　单位:人

学　期	学历专业	招生对象	学　习　科　目	毕业人数	颁证单位
1985.9—1987.7	脱产中专	在职干部	哲学、政治经济学、科学社会主义、党史、党的建设、经济管理、语文、数学、自然科学基础知识、农业、历史、经济地理、形式逻辑、中国革命与建设基本问题、法学;领导科学、行政管理、心理学、人口理论、时事政策等	35	浙江省委党校
1985.9—1988.10	刊授中专	在职干部	哲学、语文、经济地理、政治经济学、法学、历史、中国革命和建设基本问题、经济管理、中国革命简史、党的建设、形式逻辑、行政管理学、思想政治工作概论、经济法等	143	浙江省教育委员会
1989.9—1992.7	刊授中专	在职干部	哲学、语文、社会主义建设、政治经济学、数学、公共关系学、形式逻辑、法学概论、行政管理学、人事管理学、中国革命简史、思想政治工作概论、社会调查基础知识等	25	浙江省教育委员会
	函授大专	在职干部	辩证唯物主义、党的学说和党的建设、科学社会主义、历史唯物主义、普通逻辑学、政治经济学、中共党史、世界经济学、法学概论、思想政治工作概论,干部写作知识、管理心理学、国民经济管理学、当代国际政治、政治学,建设有中国特色社会主义理论、中国近代史、国际共产主义运动史、社会主义社会学、文艺理论、对外贸易经济等	67	中共中央党校函授学院

续表 4－1

学　期	学历专业	招生对象	学　习　科　目	毕业人数	颁证单位
1990.9—1993.7	刊授中专	在职干部职工	（资料缺失）	25	浙江省教育委员会
1993.9—1996.7	函授大专	在职干部职工	辩证唯物主义、党的学说和党的建设、历史唯物主义、科学社会主义、政治经济学、中共党史、财政学、法学概论、政治学原理，干部写作知识、普通逻辑学、管理心理学、世界经济学、社会主义市场经济下思想政治工作概论、市政管理学，现代科学技术和科技政策、建设有中国特色社会主义理论、中国近代史、国际共产主义运动史、社会主义社会学等	46	中共中央党校函授学院
1994.9—1996.7	脱产中专	农村干部	思想道德修养、体育、社会主义新农村建设、哲学、政治经济学、农业经济学、公共关系学概论、工业技术基础、农业概论、企业管理概论、会计学原理、乡镇行政管理概论、计算机应用基础、文书写作、企业财务管理、中国革命史、书法、英语等	47	台州市广播电视中等专业学校
1994.9—1997.7	函授大专	在职干部	马克思主义哲学、科学社会主义、政治经济学、经济管理概论、市场经济、经济史、财政学、经济法、国内贸易经济管理、工业企业经营管理概论，干部写作、世界经济学、数学、财务会计学概论、国家税收概论、审计学，现代科学技术和科技政策、中国经济管理思想史、建设有中国特色社会主义理论、中国经济地理、对外经济管理学等	80	中共中央党校函授学院
1995.9—1997.7	函授中专	农村干部	马克思主义哲学、乡镇企业经营与决策、建设有中国特色社会主义理论、政治经济学、党的建设与实践、中共党史、社会主义新农村建设、市场经济、农村应用文、财务管理、市场营销、农村政策等	599	台州市农村管理干部中等专业学校
	脱产中专	农村干部	辩证唯物主义、语文、乡镇企业管理、数学、中共党史、党建基本理论、市场经济基本知识、农村财务管理、乡村行政管理、市场营销、农村金融与财税、计算机基础等	38	台州市农村管理干部中等专业学校

续表 4－1

学　期	学历专业	招生对象	学　习　科　目	毕业人数	颁证单位
1995.9—1998.7	函授大专	在职干部	哲学、建设有中国特色社会主义理论、社会主义市场经济、经济管理学原理、财政金融学、财务会计学概论、工业企业经营管理、经济法、国内贸易经济管理、农村经济管理学，干部写作、实用管理数学、法学概论、社会经济统计学、对外经济管理学、审计学，现代科学技术、中国经济管理思想史、管理心理学、计算机应用基础、中国经济地理等	120	中共中央党校函授学院
1996.9—1998.7	脱产中专	农村干部	建设有中国特色社会主义理论、辩证唯物主义基本原理、中共党史、社会主义市场经济基本知识、语文(应用文写作)、应用数学、农业经济管理、乡镇企业经营管理、乡村行政管理、农村财务管理、农村金融、市场营销、法律基础知识等	35	台州市农村管理干部中等专业学校
1997.9—2000.7	函授大专	在职干部职工	马克思主义哲学、政治经济学、建设有中国特色社会主义理论、社会主义市场经济、经济管理学原理、财政与金融、现代工业企业经营管理学概论、法学概论、经济法、国内贸易经济管理，干部写作概论、实用管理数学、对外经济管理学、会计学原理、社会经济统计学原理、审计学，现代科学技术概论、当代国际政治与中国对外关系、管理心理学、计算机应用基础、社会保障学、国家税收概论、中国经济地理等	123	中共浙江省委党校函授学院
1998.9—2000.9	函授大专	企业经营管理者	(资料缺失)	58	浙江经济管理大学
1998.9—2001.7	函授大专	在职干部职工	马克思主义哲学、政治经济学、邓小平理论、社会主义市场经济、经济管理学原理、财政与金融、现代工业企业经营管理学概论、会计学原理、国内贸易经济管理、经济法，干部写作知识、实用管理数学基础、对外经济管理学、法学概论、社会经济统计学原理、审计学，现代科学技术概论、中国经济管理思想史简编、管理心理学、计算机应用基础、社会保障学等	108	中共浙江省委党校函授学院

续表 4－1

学　期	学历专业	招生对象	学　习　科　目	毕业人数	颁证单位
1999.9—2001.7	函授大专	农村干部	邓小平理论、市场经济、乡村行政管理、近代史、哲学、时政与金融、法学、科学技术、市场营销、领导科学、乡镇企业、区域经济、基层党建、写作知识、公共关系学、人口问题、调查与统计等	56	台州市行政学院
1999.9—2002.7	函授大专	在职干部职工	马克思主义哲学原理、政治经济学、干部写作知识、邓小平理论、社会主义经济理论、实用数学管理基础、基础会计学、财政与金融、对外经济管理学、经济管理学原理、现代工业企业经营管理学概论、法学概论、国内贸易经济管理、经济法、社会经济统计学原理、审计学，现代科学技术概论、中国经济管理思想史等	126	中共浙江省委党校函授学院
2000.9—2002.7	函授大专	农村干部	邓小平理论、社会主义市场经济、乡村行政管理、马克思主义哲学、农村金融与财税、法学、市场营销学、领导科学概论、乡镇企业经营管理概论、农村基层党组织建设、公共关系学、写作知识，中国近代史、现代科学技术与科技政策、中国区域经济管理概论、中国人口问题纲要，社会调查与统计等	51	台州市行政学院
2000.9—2003.7	函授大专	在职干部职工	马克思主义哲学原理、政治经济学、干部写作知识、邓小平理论、社会主义经济理论、实用管理数学、经济管理原理、财政与金融、对外经济管理学、现代工业企业经营管理学概论、基础会计学、法学概论、国内贸易经济管理、经济法、社会经济统计学原理、审计学，现代科学技术概论、中国经济管理思想史、管理心理学、计算机应用基础、社会保障学等	95	中共浙江省委党校函授学院

续表 4－1

学　期	学历专业	招生对象	学　习　科　目	毕业人数	颁证单位
2001.9—2004.7	本科函授	机关干部	社会主义市场经济论纲、公共政策概论、马克思列宁主义基本问题、邓小平理论基本问题、行政管理学、毛泽东思想基本问题、人事行政概论、行政法学、组织行为学、领导学通论、市场经济法律制度概论、公文处理基础、当代世界法律与中国法制建设等	140	中共中央党校函授学院
	函授大专	在职干部职工	马克思主义哲学原理、政治经济学、古文选读、邓小平理论、社会主义经济理论、实用管理数学基础、经济管理原理、财政与金融、法学概论、现代工业企业经营管理学概论、经济法、对外经济管理学、贸易经济、会计学、社会经济统计学原理、干部写作概论等	93	中共浙江省委党校函授学院
2002.9—2004.7	函授大专	农村干部	农村税收、邓小平农村建设理论概论、市场经济理论在我国农村发展、市场营销、马克思列宁主义基本问题、毛泽东思想基本问题、新时期农村基层组织建设、领导科学、法学基础、乡镇企业管理、行政管理学、干部写作知识、现代社区概论等	98	台州市行政学院
2002.9—2005.7	本科函授	机关干部	法理学、领导学通论、马克思列宁主义基本问题、行政管理学、政治学通论、毛泽东思想基本问题、邓小平理论基本问题、人事行政概论、组织行为学、行政法学、公共政策概论、当代中国政府与行政、公文处理基础，面向21世纪的党性修养、WTO理论与实务、当代西方政治制度、计算机基础教程等	71	中共中央党校函授学院
	函授大专	在职干部职工	马克思主义哲学原理、大学语文、政治经济学、邓小平理论、社会主义经济理论、实用管理数学、经济管理原理、财政与金融、法学概论、现代工业企业经营管理学概论、会计学、对外经济管理学、贸易经济学、经济法、社会经济统计学原理、干部写作知识等	75	中共浙江省委党校函授学院

续表 4－1

学　期	学历专业	招生对象	学　习　科　目	毕业人数	颁证单位
2003.9—2005.7	函授大专	农村干部	市场经济概论、“三个代表”重要思想、农村税收、邓小平农村理论、基层党组织建设、中小企业市场营销、基层领导工作新思路、基层领导工作法律基础、乡镇企业经营管理学、行政管理学、公文写作、村民自治（社区建设）等	97	台州市行政学院
2003.9—2006.7	本科函授	机关干部	领导学通论、法理学、马列主义基本问题、中国行政管理概论、政治学通论、英语、当代中国政府与行政、人事行政概论、行政法学、公共政策概论、公共政策分析、公文处理基础等	44	中共中央党校函授学院
	函授大专	在职干部职工	马克思主义哲学原理、马克思主义政治经济学原理、大学语文、建设有中国特色社会主义理论、社会主义经济理论、法学概论、经济管理原理、财政与金融、管理心理学、现代工业企业经营管理学概论、会计学、对外经济管理学、贸易经济、经济法、社会经济统计学原理、干部写作知识，现代科学技术概论、中国加入 WTO 知识、公共关系学、计算机、社会保障概论、人力资源管理概论、电子商务讲座等	28	中共浙江省委党校函授学院
2004.9—2007.7	本科函授	机关干部	政治学通论、行政法学、马克思列宁主义基本问题、社会学研究方法、公共经济学概论、英语、当代中国政府与行政、公共管理学概论、领导学通论、公共行政道德概论、公共财政学、公共政策分析，电子政务、组织行为学、公务员制度概论、秘书学等	55	中共中央党校函授学院
	函授大专	在职干部职工	马克思主义哲学原理、法学概论、大学语文、现代管理学原理、建设有中国特色社会主义理论、人力资源管理概论、社会主义经济理论、财政与金融、管理心理学、现代工业企业经营管理学概论、会计学、对外经济管理学、贸易经济、经济法、社会经济统计学原理、干部写作知识，现代科学技术概论、中国加入 WTO 知识、公共关系学、计算机应用基础、社会保障概论、环境科学概论、电子商务等	31	中共浙江省委党校函授学院

续表 4－1

学　期	学历专业	招生对象	学　习　科　目	毕业人数	颁证单位
2004.9—2007.7	函授大专	农村干部	“三个代表”重要思想、市场经济概论、农村税收、WTO知识、邓小平理论、农村基层组织建设、农村社会学、中国近代史、领导科学、法律基础、乡镇企业管理、现代科技、行政管理、农村应用文、市场营销、农村现代化等	55	台州市行政学院
2005.9—2008.7	本科函授	机关干部	政治学通论、行政法学、马克思列宁主义基本问题、简明社会学研究方法、公共经济学概论、英语、当代中国政府与行政、公共管理学概论、领导学通论、公务员制度概论、公共行政道德概论、公共政策分析教程，电子政务、组织行为学、非政府组织管理、秘书学等	25	中共中央党校函授学院
	函授大专	农村干部	邓小平理论和“三个代表”重要思想、市场经济、农村社会学、农村基层组织建设、法律基础、市场营销、农村经济管理、新农村建设、农村法律与政策概论、基层领导科学、村民自治、应用写作等	154	台州市行政学院
2006.9—2009.7	本科函授	机关干部	马克思主义基本问题、执政党建设概论、英语、公共管理学概论、公共经济学概论、组织行为学、当代中国政府与行政、人力资源管理、社会政策概论、公共政策分析、行政法学、秘书学、公共财政学，社会主义法制论纲、政治学通论、领导学通论、公共行政道德概论等	39	中共中央党校函授学院
	函授大专	农村干部	邓小平理论与“三个代表”重要思想、市场经济概论、法律基础、农村基层组织建设、农村法律与政策、市场营销、农村经济管理、新农村建设、农村社会学、基层领导工作新思路新方法、应用写作、村民自治等	119	台州市行政学院
2007.9—2010.7	本科函授	机关干部	马克思主义基本问题、执政党建设概论、英语、国际贸易、当代中国经济、公共管理学概论、中国区域经济管理概论、当代西方经济学、公共经济学概论、货币银行学、经济管理原理、项目管理学概论、公司法学，科学发展观、经济法学、社会主义和谐社会论纲、电子商务概论等	40	中共中央党校函授学院

续表 4－1

学　期	学历专业	招生对象	学　习　科　目	毕业人数	颁证单位
2007.9—2010.7	函授大专	在职干部职工	马克思主义哲学原理、大学语文、法学概论、中国特色社会主义理论、现代管理学原理、人力资源管理概论、社会主义经济理论、财政与金融、心理管理学、现代工业企业经营管理学概论、会计学、对外经济管理学、贸易经济、经济法、社会经济统计学原理、干部写作知识，现代科学技术概论、中国加入 WTO 知识、公共关系学、计算机应用基础等	37	中共浙江省委党校函授学院
		农村干部	法律学基础、邓小平理论和“三个代表”重要思想、市场经济概论、农村基层组织建设、农村法律与政策、市场营销、农村经济管理、新农村建设、农村社会学、基层领导科学、应用文写作、村民自治等	68	台州市行政学院
2008.9—2011.7	函授大专	农村干部	邓小平理论和“三个代表”重要思想、市场经济概论、法律基础、农村基层组织建设、农村法律与政策、农产品市场营销、农村经济管理、新农村建设、农村社会学、基层领导工作新思路新方法、应用写作、村民自治等	80	台州市行政学院
2009.9—2012.7	函授大专	农村干部	科学发展观、市场经济概论、法律基础、农村基层组织建设、农村法律与政策、农产品市场营销、农村经济管理、新农村建设、农村社会学、基层领导科学、应用写作、村民自治等	72	台州市行政学院

第五章　科研咨政

理论创新和社科研究是党校决策参阅服务职能的重要抓手。县(市)委党校高度重视对省、台州市党校系统规划课题的申报组织，致力培育科研带头人，健全科研考核奖励机制，充分调动和激发教师的科研热情。运用集体攻关、在职进修、联合调研等办法，提高学习交流的频次，着力提升科研工作整体实力，力争多出精品。激活研究成果效益，强调实践应用价值向决策调研转化，探索“教研咨一体化”工作，主动为当地党委、政府当好参谋。根据新形势下党校科研咨政的新型功能，不断加大投入力度，按照“管理有制度、实践出题目、科研做文章、平台强建设”的思路，大力实施“科研强校”战略，结合玉环实际创造性地开展工作。

第一节　课题研究

2005 年，“玉环现象研究”等 2 项课题列入台州市党校系统第三批规划。

2006 年，2 项台州市党校系统第三批规划课题结题，其中 1 项获优秀成果三等奖。1 项课题列入台州市党校系统第四批规划。

2007 年，1 项台州市党校系统第四批规划课题结题。1 项课题列入全省党校系统第九批规划课题；2 项课题列入台州市党校系统第五批规划。

2008 年，1 项全省党校系统第九批规划课题结题，被评为优秀成果；2 项台州市党校系统第五批规划课题结题。2 项课题列入全省党校系统第十批规划，5 项课题列入台州市党校系统第六批规划，1 项课题被台州市社科联立项。

2009 年，2 项全省党校系统第十批规划课题结题，其中 1 项被评为优秀成果；3 项台州市党校系统第六批规划课题结题，其中 1 项被评为优秀成果；1 项台州市社科联立项课题结题。1 项课题列入全省党校系统第十一批规划，1 项课题列入台州市党校系统第七批规划，1 项课题被台州市社科联列为资助项目。

2010 年，1 项全省党校系统第十一批规划课题结题；1 项台州市党校系统第七批规划课题结题，被评为优秀成果；1项台州市社科联立项课题结题。2项课题列入全省党校系统第十二批规划，7项课题列入台州市党校系统第八批规划。

2011年，2项全省党校系统第十二批规划课题结题，其中1项被评为优秀成果；7项台州市党校系统第八批规划课题结题，其中2项被评为优秀成果。3项课题列入全省党校系统第十三批规划，3项课题列入台州市党校系统第九批规划，3项课题被台州市社科联立项。

2012年，实行党委成员包抓课题机制，形成全校"大科研"格局。根据省市党校系统和社科联系统立项及评选要求，对全年调研任务及重点课题做出预估与研判，提前部署《选题指南》及组织申报工作，建立有效的奖励激励制度，最大限度调动激发教师的工作热情。3项全省党校系统第十三批规划课题结题，其中2项被评为良好成果；3项台州市党校系统第九批规划课题结题，其中1项被评为优秀成果；3项被台州市社科联立项课题结题。7项课题列入全省党校系统第十四批规划，1项课题被省社科联立项，2项课题列入台州市党校系统第十批规划，1项课题被台州市社科联列为一般资助研究课题。

2013年，从分析解决县域发展的实际问题出发，坚持基础材料收集与集中科研相结合，先后组织读书月、调研月、结题月活动。长期蹲点相关部门、乡镇、重点工程和社区（企业），主动有为地与职能部门进行深度合作，全年完成部门委托课题6项。7项全省党校系统第十四批规划课题结题，其中1项被评为优秀成果；1项省社科联立项课题结题；2项台州市党校系统第十批规划课题结题，其中1项被评为优秀成果。4项课题列入全省党校系统第十五批规划，2项课题列入台州市党校系统第十一批规划，1项课题被台州市社科联立项。

2014年，围绕经济社会发展战略，研究落实改革的具体思路举措，创造性地开展科研工作，获全省党校系统优秀科研工作组织奖。4项全省党校系统第十五批规划课题结题，其中2项被评为优秀成果；2项台州市党校系统第十一批规划课题结题，其中1项被评为优秀成果。6项课题列入全省党校系统第十六批规划，5项课题列入台州市党校系统第十二批规划。

2015年，以深化、落实"海上都市、美丽玉环"建设战略为调研方向，把握县情实践的主导作用，落实新型智库建设，创造性地开展科研工作，科研成果列全省县级党校第四位。6项全省党校系统第十六批规划课题结题，其中1项被评为优秀成果；被列为台州市党校系统第十二批规划的5项课题结题，其中1项研究课题被评为优秀成果。8项课题列入全省党校系统第十七批规划，1项课题被列为省社会主义学院资助课题，5项课题列入台州市党校系统第十三批规划，3项课题受台州市法学会委托立项，1项课题被台州市社科联列为资助课题。

2016年，8项全省党校系统第十七批规划课题结题；5项台州市党校系统第十三批规划课题结题，其中1项被评为优秀成果；3项受台州市法学会委托立项的课题结题。5项课题列入全省党校系统第十八批规划；5项课题列入台州市党校系统第十四批规划；2项课题被台州市社科联立项，其中重点课题1项；1项课题列入台州市哲学社会科学规划。

2017年，5项全省党校系统第十八批规划课题、5项台州市党校系统第十四批规划课题、2项台州市社科联立项课题、1项台州市哲学社会科学规划课题全部结题，其中1项被评为台州市党校系统优秀课题。2项课题列入全省党校系统第十九批规划；2项课题被浙江省法学会立项，其中1项为重点委托课题；2项课题被浙江省哲学学会立项，其中1项为重点课题；5项课题列入台州市党校系统第十五批规划，2项课题被台州市社科联立项。县级部门委托课题5项。

2018年，2项全省党校系统第十九批规划课题、2项浙江省法学会规划课题、5项台州市党校系统第十五批规划课题，全部结题，其中2项课题被台州市委党校评为优秀成果。5项课题列入全省党校系统第二十批规划；2项课题被列为浙江省社科“四个强省”专项课题；2项课题被台州市社科系统列为一般资助研究课题。

至2018年，玉环市委党校研究课题列为省级规划54项，结题45项，其中获优秀成果奖7项、良好成果奖2项；列为台州市级规划63项，完成54项，其中获优秀成果奖13项。

2005—2018年中共玉环县(市)委党校课题研究情况表

表5-1 单位：项

年度	课题规划		课题结题		优秀成果	
	省级	台州市级	省级	台州市级	省级	台州市级
2005	0	2	0	0	0	0
2006	0	1	0	2	0	1
2007	1	2	0	1	0	0
2008	2	6	1	2	1	0
2009	1	2	2	4	1	1
2010	2	7	1	2	0	1
2011	3	6	2	7	1	2
2012	8	3	3	6	0	1
2013	4	3	8	2	1	1
2014	6	5	4	2	2	1
2015	9	9	6	5	1	1

续表 5－1

年度	课题规划		课题结题		优秀成果	
	省　级	台州市级	省　级	台州市级	省　级	台州市级
2016	5	8	8	8	0	1
2017	6	7	5	8	0	1
2018	7	2	4	5	0	2
合计	54	63	45	54	7	13

第二节　基层调研

1997 年 10 月，组织 1996 级中专班学员专程到台州市飞龙实业公司和沙门农村进行实地考察，结合党的十五大精神就股份制进行专题研讨，撰写了 20 多篇调查报告。

2002 年 10 月，县委党校成立民情研究中心，加强理论研究，定期组织教员到村居、企业进行调研。

2004 年，每半年确定一项课题，组织教员到部门、乡镇、企业、村居、社区开展调查研究。《关于我县干部教育培训工作的调查与思考》一文对改进和指导干部教育培训工作起到了积极的推动作用。

2007 年，深入基层调查研究，为领导决策提建议、当参谋，在各类报刊上发表调研文章 7 篇。

2009 年，2 篇调研文章获全省党校系统优秀调研成果三等奖，3 篇调研文章被全省党校系统理论研讨会入选。在台州市党校系统优秀调研成果评比中，获二等奖 1 篇、三等奖 1 篇。

2010 年，向台州市社科联申报调研课题 1 项，列为县宣传系统重点调研课题 1 项。

2011 年，完成县级部门委托的 5 项调研课题，4 项得到县委领导批示。

2012 年，围绕县委、县政府决策部署和重大现实理论问题开展高频率、大规模、多角度的调研，组织教职工集中调研 8 次，分组调研 12 次。就公共文化服务平台建设、新生代农民工素质提升、海洋生态建设规划、养老服务体系、公民道德素质、出生人口性别比研究等问题，形成一批研究成果和决策建议。完成县纪委、县计生局、县流管局、玉城街道及龙溪乡委托的 5 项课题。

2014 年，在全省党校系统优秀调研成果评比中，获一等奖 1 篇、二等奖 1 篇。

2015年，聚焦县委和县政府重大决策部署，紧密结合玉环经济社会发展中的突出问题与难点问题，加强与台州市、县级各部门的合作，开展重点课题全员调研，集体攻关，完成“基层党建责任制”“年轻干部队伍建设”“村民小组党建工作全覆盖”等8项课题。《交往行动理论视阈下的基层协商民主路径开拓——基于玉环县政协“四见面”重点提案协商办理机制的个案研究》等11篇文章获县政协领导批示。在全省、台州市党校系统理论研讨会上，调研成果获一等奖3篇、二等奖3篇、三等奖1篇，入选1篇。

2016年，在全省、台州市党校系统理论研讨会上，调研成果获二等奖5篇、三等奖4篇，入选2篇。

2017年，紧密结合玉环本土经济社会发展中的重大现实问题和群众普遍关心的热点、难点问题，精品项目培育与调研本土工程两手抓，带着课题深入社区、部门、乡镇、企业、重点工程，掌握大量第一手资料，提出解决具体问题的现实思路和建设性意见。全年下乡36次，针对安全生产、最多跑一次、基层民主监督、民间组织、乡贤联谊会建设、市域人情随礼等问题，形成《全面从严治党新常态下的行政审批流程设计与改革路径选择》《交往理性的重构：基层民主监督路径开拓的实践研究》《电动自行车火灾事故成因及建议》等12篇文章，获玉环市委领导批示；《PPP模式有效运作的基层实践及对策建议》《新常态下县域婚丧事“人情”关系再生产的价值裂变及其对策研究》等被玉环市政协、市发展和改革局等单位采纳；《海峡两岸自贸区的制度创新与路径优化》《嵌入性视角下基层社会组织“党建＋社工”的实践治理模式探究》等为大麦屿港、楚门天宜社区发展提供思路。《社会资本理论视阈下农村居民社区治理》《新常态下县域婚丧事“人情”关系再生产的价值裂变及其对策研究》《实际利用外资对地区经济发展的影响》等5篇文章在浙江省、台州市理论研讨会上获奖。

2018年，围绕政府购买服务、贸易摩擦、最多跑一次、妈妈式服务等热点问题进行了调研，形成调研报告，以专报形式呈送市领导，10篇调研报告获市领导批示，意见、建议被各部门单位采纳。

第三节　论文发表及获奖

1985—1987年，党校学员撰写的论文陆续在《台州地委党校校刊》(后改为《台州论坛》)上发表。

1993年，3篇论文参加学术研讨，并在县级刊物上发表。

1997年始，党校教师着力对一些社会现象进行了深层次的研究，为行政决策提前思考，社会面越来越广。进入21世纪，还时常组织课题组集中力量对某个问题进行专题研究。

2001 年,6 篇论文分别在各类刊物上发表。

2002 年,完成涉及非公有制经济发展、先进文化前进方向、执政党规律等方面的 7 篇论文,被县电视台聘为学习党的十六大精神系列讲座特约撰稿单位。

2004 年,建立健全科学合理的科研管理体制,引导和鼓励教研人员开展科研工作,出台《玉环县党校科研奖励若干办法》。以"民情研究中心"为平台,开展课题研究。1 篇理论文章被全省党校系统理论研讨会入选,2 篇被台州市党校系统理论研讨会入选并获奖。

2005 年,出台《党校科研奖励若干办法》对科研成果进行奖励。全年 7 篇论文参加台州市党校系统论文评比,并获奖。陈时潘撰写的《以科学监管观推进坎门汽摩零部件产业发展》获经济理论、管理创新与社会发展理论实践成果全国一等奖,发表在《台州论坛》上。

2006 年,1 篇论文获全省党校系统首届青年学者学术研讨会论文评比二等奖,3 篇论文获台州市党校系统理论研讨会论文评比三等奖,1 篇获县级征文比赛一等奖;6 篇论文分别在《台州论坛》《玉环调研》《今日玉环》等报刊上发表。

2007 年,在各级论文评比中,获省级二等奖 1 篇;台州市级二等奖 1 篇、三等奖 2 篇;县级二等奖 1 篇。

2008 年,2 篇论文被全省党校系统理论研讨会入选。在台州市党校系统理论研讨会论文评比中,获二等奖 1 篇、三等奖 2 篇。在"纪念改革开放 30 周年"优秀理论文章评比中,获台州市级三等奖 1 篇、县级一等奖 2 篇。在玉环县"高举旗帜、创业创新"主题征文中,获一等奖 1 篇。7 篇论文分别在《干部教育研究》《新东方》《台州社会科学》《台州论坛》《今日玉环》上发表。

2009 年,在台州市党校系统理论研讨会论文评比中,获二等奖 1 篇、三等奖 1 篇。在纪念中华人民共和国成立 60 周年论文评比中,获台州市级二等奖 1 篇、县级一等奖 1 篇。在"践行科学发展观,我为玉环作贡献"征文评比中,获一等奖 1 篇。9 篇论文分别在《台州社会科学》《台州市机关党的建设研究与实践》等省市级刊物上发表。

2010 年,在全省党校系统理论研讨会论文评比中,获三等奖 1 篇,入选 3 篇。在台州市党校系统理论研讨会论文评比中,获二等奖 1 篇、三等奖 3 篇。2 篇论文被省党校系统青年学者理论研讨会选用,11 篇论文在各类刊物上发表。

2011 年,4 篇论文入选全省党校系统理论研讨会交流材料。在台州市党校系统理论研讨会论文评比中,获一等奖 1 篇、二等奖 2 篇、三等奖 1 篇;在台州市县宣传部门理论研讨会论文评比中,获一等奖 1 篇、二等奖 3 篇、三等奖 3 篇。12 篇论文在省市级刊物上发表。

2012 年,发表学术论文 19 篇,其中《个体理性与集体理性的博弈与融合:县域公民道德建设的问题及其对策研究》《老年人生活质量及其影响因素的实证研究——以 Y 县为蓝本》《情感型社区的建构模式与演化方向》《党建工作在服务生态文明建设中要发挥“四个作用”》等7篇论文得到县领导批示。在全省党校系统“建设物质富裕精神富有现代化浙江”理论研讨会上，5篇论文入选，获二等奖2篇；在全省党校系统青年学者理论研讨会上，2篇论文入选，获三等奖1篇；在省社科联首届学术年会上，2篇论文入选；在2012年浙江科学发展实践报告优秀调研文章评比中，获二等奖1篇。在台州市党校系统“台州发展与现代化”理论研讨会上，获一等奖1篇、二等奖2篇、三等奖2篇；在台州市第二届精神文明理论研讨会上，2篇论文被评为优秀论文。在县直机关各类征文中，获一等奖2篇、二等奖1篇、三等奖1篇、优胜奖3篇。

2013年，在全省党校系统“改革、创新与浙江经济社会转型发展”理论研讨会上，5篇论文入选，获一等奖2篇、二等奖2篇；1篇论文获全省党校系统教改研讨会优秀论文入围奖；1篇调研文章获全省党校系统优秀调研成果评比优胜奖。在台州市党校系统“贯彻落实十八大精神，率先全面建成小康社会”理论研讨会上，获一等奖1篇、二等奖2篇、三等奖1篇；在台州市第三届精神文明建设暨“最美精神与价值观”理论研讨会上，获优秀论文1篇、优胜奖2篇；在台州市“经济与社会发展”理论研讨会上，获一等奖1篇、三等奖1篇；在台州市委宣传部、市社科联联合举办的“学习贯彻党的十八大精神”征文评比中，获二等奖1篇、三等奖1篇。在玉环县委宣传部主办“十八大”征文评比中，获二等奖2篇、三等奖1篇、优胜奖2篇；在玉环县书香玉环读后感评比中，获优胜奖1篇；在玉环县“最美精神与价值观”论文评比中，获一等奖1篇、二等奖1篇、三等奖1篇。部分成果直接进入领导决策。

2014年，在全省党校系统理论研讨会上，论文获一等奖1篇、二等奖1篇；在全省党校系统青年理论研讨会上，获三等奖1篇，入选1篇。在台州市第四届精神文明建设理论研讨会论文评比中，2篇被评为优秀论文；在台州市党校系统理论研讨会上，获一等奖1篇、三等奖2篇。获玉环县首届文化发展“金榴奖”4篇。

2015年，12篇学术论文在《台州社会科学》《台州论坛》《台州职业技术学院学报》等报刊上发表。

2016年，15篇学术论文在《台州社会科学》《台州论坛》《新台州》《干部教育》《玉环政研》《今日玉环》等报刊上发表。获玉环县第二届文化发展“金榴奖”4篇。

2017年，全年累计38篇理论文章在各级各类研讨会上获奖。其中，在省党校系统理论研讨会上，获二等奖5篇、三等奖2篇，居全省县(市)级党校前列；在省第十一届精神文明建设理论研讨会暨礼仪与文明论坛上，获优秀论文1篇；在第二届浙江法学论坛暨美丽浙江建设中的生态文明法治保障研究理论研讨会上，获一等奖1篇；在浙江省哲学学会2017年“弘扬哲学智慧，助力浙江建设”学术研讨会上，获优秀论文1篇。在台州市党校系统理论研讨会上，获三等奖7篇。

2018年,针对政府购买服务、贸易摩擦、最多跑一次、妈妈式服务等热点问题进行深入的研究,形成一批科研成果。《全面从严治党的基层探索——Y市"1+N"党员联系户的实践究》《保护与利用:乡村振兴背景下传统海景村落的空间再造及整体价值评价》入选中央党校主办的第五届中国特色社会主义理论与实践论坛。在全省党校系统理论研讨会上,获三等奖3篇。在台州市第七届精神文明建设理论研讨会暨文明和礼仪论坛上,《识礼仪、知廉耻、树新风——礼仪文化与党员领导干部的行为规范》被评为优秀论文。在台州市党校系统理论研讨会上,获二等奖1篇、三等奖5篇。8篇学术论文在《台州社会科学》《台州论坛》《台州科技职业学院学报》等学术期刊上发表。在玉环市"改革开放40周年"征文比赛中,获一等奖1篇、二等奖1篇、三等奖2篇,获玉环市第三届文化发展"金榴奖"5篇。

附:

《台州论坛》(原《台州地委党校校刊》)论文发表选目

《台州地委党校校刊》1985.2:

玉环小塘村的变化/郑加富

农村中一个值得注意的问题——从"老人休养堂"谈起/叶冰舫

《台州地委党校校刊》1986.2:

农村中心集镇建设中的几个问题/范万余

《台州地委党校校刊》1987.2:

稳定生猪生产,发展生猪生产/盛子顺

《台州论坛》1996.4(总第40期):

社会主义市场经济与精神文明建设——学习十四届六中全会《决议》有感/陈永德

念好"三字经",处理好两个关系,致力于乡镇工作水平的提高/柯寿建

《台州论坛》1997.2(总第42期):

当前镇(乡)办事处工作存在的一些问题/吴加飞

《台州论坛》1999.4(总第50期):

试论社会协调发展的"坐标体系"/肖加福

《台州论坛》2000.2(总第54期):

促进个体私营经济健康发展/吴加飞

《台州论坛》2001.3(总第59期):

玉环制度创新与经济发展/吴加飞

《台州论坛》2003.4(总第68期):

玉环移民文化初探/吴加飞、冯秀平等

《台州论坛》2005.3(总第75期):

以科学监管观推进坎门汽摩零部件产业发展/陈时潘

《台州论坛》2006.1(总第77期):

玉环民营经济创新发展研究——兼论玉环民营企业的创业现象/吴加飞

《台州论坛》2006.3(总第79期):

弘扬和培育玉环人文精神提高市民整体素质/耿礼文

《台州论坛》2007.2(总第82期):

社会阶层的和谐关系与地方政府的伦理作为——外来人员与本地社会融合的Y县实践/刘定洋

《台州论坛》2007.4(总第84期):

玉环阀门行业发展的调查与对策探索——隐论产业升级的时机选择与战略布局/耿礼文、孔金法

《台州论坛》2008.1(总第85期):

玉环县文化产业发展优劣势分析与对策思考/吕振兴

《台州论坛》2008.2(总第86期):

流动人口服务管理的经验模式及创新发展的对策建议——基于玉环县的分析/林婷婷

《台州论坛》2009.1(总第89期):

信访工作机制重构:实践经验与理论探讨/耿礼文、刘定洋等

《台州论坛》2009.3(总第91期):

从刀尖之舞到阳光之旅——玉环民间借贷与非法集资的社会现实分析/吴加飞、刘定洋

《台州论坛》2011.2(总第98期):

玉环非公有制企业党建的创新实践及思考/张宏

《台州论坛》2011.3(总第99期):

新生代农民工城市社会融入研究——基于Y县两代农民工的实证分析/林婷婷

外来人口ADR研究——以Y县龙溪乡蕲春党建工作站为例/陈萌、孔金法

《台州论坛》2011.4(总第100期):

基于社会资本理论的外来流动党员服务管理模式创新研究——缘于玉环县龙溪乡蕲春党建工作站实证分析/耿礼文、林婷婷

关于县域新型城市化下完善投融资机制的对策思考/陈时潘

《台州论坛》2012.2(总第102期)：

公共空间视阈下浙江省现代乡村社区文化中心建设——基于Y县楚洲文化城的实证分析/陈时潘、林婷婷、陈君

《台州论坛》2012.4(总第104期)：

人的现代化视阈下新生代农民工素质研究——基于玉环县新生代农民工与城市同龄居民的对比分析/耿礼文、林婷婷、陈君

理性范式下县域公民道德建设的偏离与回归——以玉环县为例/陈君、林婷婷

《台州论坛》2013.2(总第106期)：

行政控制及其创新管理:关键岗位跟踪督评制度的实效建设——以玉环县为例/林婷婷、陈君等

《台州论坛》2013.4(总第108期)：

企业文化与民营企业发展研究/陈萌

《台州论坛》2014.1(总第109期)：

新形势下加强对村委会的引导和管理的研究——以L镇为蓝本/林婷婷、陈君

《台州论坛》2014.2(总第110期)：

践行群众路线做强现场教学/耿礼文

《台州论坛》2015.1(总第113期)：

村级党员干部群众服务工作的创新机制研究——基于清港镇的农村党员服务户制度的个案调查/耿礼文

农民专业合作社党建工作的实践与思考——以玉环县干江镇为例/林婷婷、陈君

《台州论坛》2016.1(总第117期)：

交往行动理论视阈下的基层协商民主路径开拓——基于玉环县"四见面"重点提案协商办理机制的个案研究/陈君、林婷婷

《台州论坛》2016.2(总第118期)：

玉环县女性犯罪的实证研究——基于社会变迁理论的视角/陈萌

《台州论坛》2016.3(总第119期)：

"国家与社会"视野中基层政府购买服务的实践与探索——浙东玉环县天宜服务社的个案分析/陈君、林婷婷

《台州论坛》2017.1(总第121期)：

民间组织参与社会治理的多模式探索——基于玉环县案本研究/林婷婷、陈君

《台州论坛》2017.2(总第122期)：

新常态下小微企业发展困境与路径优化——以玉环县为例/张斌

《台州论坛》2017.3(总第123期)：

全面从严治党新常态下的行政审批流程设计与改革路径选择——基于玉环市"最多

跑一次”事项清单的实证研究/陈忠义、刘亚庆

《台州论坛》2017.4(总第124期):

社会资本理论视阈下农村居民社区治理参与行为研究——以浙江玉环市为例/刘亚庆

《台州论坛》2018.1(总第125期):

实际利用外资对地区经济发展的影响/金富聪

《台州论坛》2018.2(总第126期):

交往理性的重构:基层民主监督路径开拓的实践研究——以玉环市“榴岛面对面”为研究蓝本/林婷婷、陈君

《台州论坛》2018.3(总第127期):

自媒体时代“塔西佗陷阱”的破解路径研究——基于玉环市“9·25火灾”事件的实证分析/陈忠义

第四节 决策参考

2011年7月,根据新形势下党校科研咨政的新型功能,创新载体,创办理论刊物《榴岛论坛》,全年刊出3期,选登稿件48篇,其中基层稿件28篇,为地方党委、政府决策提供服务,逐步显现刊物自身的特色和优势,打造和巩固县情研究和建言献策新阵地。在台州市党校系统理论研讨会上作重点推介,促进全县哲学社会科学研究。

2012年1月,创办《领导决策参阅》,试刊4期,从领导关怀、群众关心的经济社会发展热点难点切入,把针对性强并具有可操作性的意见建议专呈县领导。全年刊出《榴岛论坛》2期,组稿100多篇,选登论文32篇,为宣传党的方针政策、统一思想、提升各界对社会经济形势的认识和研究起到促进作用,同时也为科研成果转化搭建强有力的平台。

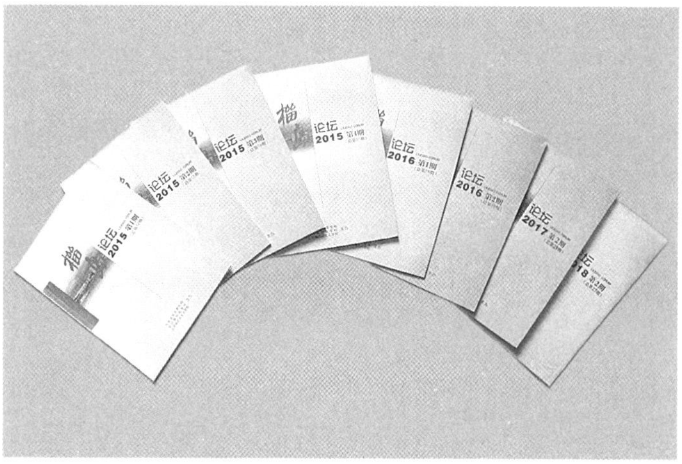

《榴岛论坛》

2013年,借助《榴岛论坛》收集、整理热点、难点和重点问题进行研究,全年刊出4期,组稿160多篇,选登论文74篇,每期定向赠阅500多份,有效推进有关职能部门民主议

事、科学办事。通过《领导决策参阅》，选择 4 个现实性、指导性较强的专题，以专报形式呈送县四套班子决策参考。

2014 年，带有全局眼光、富有实践特色的部分理论成果，通过《玉环政研》供领导决策参考。全年刊出《榴岛论坛》4 期，选登论文 59 篇。3 月创办《榴岛讲堂》，印发名家名言，为党建、经济、社会治理等工作提供智力支持，收录县内社科成果 70 多篇，传播优质讲稿材料 8 篇。

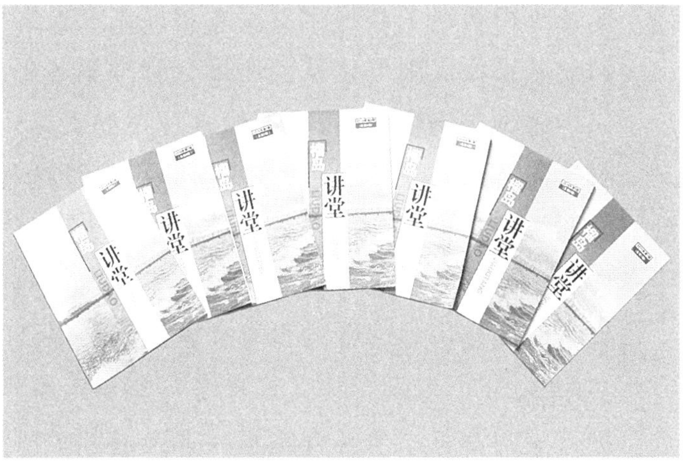
《榴岛讲堂》

2015 年，对学员提交的调研报告、学习心得进行精选，选择具有一定理论层次、研究价值且论述观点新颖的 50 篇文章，分 4 期选登在《榴岛论坛》上。对在县市社科领域具有一定影响力的到校名师的专题讲稿进行整理，精选 8 篇，刊登在《榴岛讲堂》上，延伸传播范围，扩大传播影响。

2016 年，坚持以《榴岛论坛》集中调研建议，继续发挥党校科研参与基层工作、服务本地发展的作用；坚持以《榴岛讲堂》为阵地印发名家名言、转载精品文章，为党建、经济、社会治理等工作提供智力支持。全年刊出《榴岛论坛》4 期，选登论文 51 篇，传播优质讲稿 6 篇。

2017 年，本着科研工作为党委政府及各乡镇部门决策咨询服务的原则，强化《榴岛论坛》《榴岛讲堂》的理论阵地建设，充分利用专栏、专题、征文、专刊等灵活多样的形式反映社会经济发展和具有玉环本土特色的热点、难点问题，发挥党校理论研究与舆论宣传阵地的传话筒作用，以及党校在党委政府决策中的创新型思想库功能。《榴岛论坛》组稿 230 多篇，包括 30 多篇外省学者及多篇台州市内其他地区学者来稿，筛选 45 篇论文，分 4 期刊出。《榴岛讲堂》传播优质讲稿 6 篇，为党建、经济、社会治理等工作提供智力支持。

2018 年，《榴岛论坛》组稿 230 多篇，筛选 36 篇论文，分 4 期刊出。

至 2018 年，共刊出《榴岛论坛》29 期，选登论文 395 篇。

附：

《榴岛论坛》论文刊载编目

2011.7 创刊号：

要以改革创新的精神推进基层党建工作的科学化水平/耿礼文

解放思想创业创新——盐海新城崛起的东海明珠/课题组

解放创新十人谈/云亮

发扬玉环精神,在教育科研中实践创业创新/王文水

堵疏结合多措并举——发挥民间资金对玉环县域经济的正面支撑作用/王连文

搭建科学发展平台再铸民营经济辉煌/陈君岳

抓住难得机遇主动强化对接大力谋划和发展玉环海洋经济/潘应利

构建基层便民服务体系创新社会管理服务平台/刘定洋

三措施推进流动人口和谐“融入”/王静善

对大麦屿港开发开放的战略考量和战役选择的思考——基于“打造港口物流新平台”背景下/叶长青

树立精明增长理念科学规划“十一五”/毛华彬

破解农民建房难问题的思考和探索——以玉环县农村建设为例/郑华、吴秀林

实施 3+1 学习平台模式推进学习型党组织建设/赵梅英

进百家门知百家情解百家难——芦浦镇推行“民情札记”架起干群连心桥/陈时潘

推进新农村精神文明建设的有益探索——以清港镇乡风文明建设为例/林海云、龚觅

玉环县实行党代表大会常任制的实践与思考/游国文

浅析玉环地下党工作的成功经验/潘明贤

干江镇村级组织运行情况调研/庄超超

2011.9 第 2 期:

论农村基层党组织建设/华汉领

依托互联网推进反腐倡廉的思考/林金文

村级换届工作前瞻——以清港为例谈当前村级组织换届现状/林高龙、阮剑峰、颜丹阳

乡情乡音铸平安共管共建创和谐——龙溪乡服务型外来党组织建设的实践与思考/课题组

关于推进工业产业大平台建设的若干思考/张晓华、许圣华

优化空间布局促进沿海开发/车建军、潘应利、许青斌

玉环沿海开发战略研究/郑华

新生代农民工城市社会融入研究——基于 Y 县两代农民工的实证分析/林婷婷

基于 SWOT 分析的玉环大麦屿港口开发建设/吴宇

以工业化和城市化互动发展实现沙门崛起——沙门省级中心镇发展战略思考/课题组

亲子共诵道德经典传统文化培育新人/倪辉珍、陈静

干江镇探索镇域封闭小区化治安管理/董家善、曾程耀、张钦

管理数字化民情一点通——大麦屿街道创新农村工作的实践和思考/柳国舜

关于加强和完善社会管理工作的几点思考/课题组

探究群众工作下公安的执法保价值——玉环"阳光执法"的实践与思考/翁振贵

外来人口 ADR 研究——以 Y 县龙溪乡蕲春党建工作站为例/陈萌、孔金法

2011.10 第 3 期：

玉环县村级换届情况研究——加强村级换届的全面应对/谢文瑶、韩蕊、周爱霞

发挥外来党组织在社会管理中作用的实践与思考/王佩芬、徐君迪、王华

创新流动人口服务管理模式的实践与思考/王静善、张勇、林呈峰

和谐社会构建中改善少数民族群体状况的调查思考/王平、赵水法、颜光冬

加强乡镇驻村工作问题研究/王海平、陈义青、王令聪

关于规范建设工程领域招投标工作的实践与探索/吴国才、杨治兵、高丹雅

玉环海洋经济发展的实践和思考/刘定洋、张兵

对征迁问题的若干思考——以玉环的和谐征迁为切入点/孙宾、张霞芳、陈文军

加快"退二进三"步伐实现旧城有机更新——玉环城区 60 号区块"退二进三"实施建议/张鹏、黄娥、张秀伟

从玉环城乡住房保障历史沿革看新时期政府主导下住房保障体系建设/陈强、吕一建、张晨星

关于"十二五"时期促进我县残疾人就业创业的若干思考/蒋含瑜

大胆探索不断创新加快推进农村公共卫生服务体系和内涵建设——对我县农村公共卫生事业发展现状思考与探索/黄克伟

推选网络发言人制度的探索与思考/吴遵义、徐克金、李洋

关于加强新兴媒体宣传舆论引导的思考/冯城、黄伟、严和敬

2012 第 1 期(总第 4 期)：

构建"和谐社会"执政理念的探究与思考/徐君迪

发挥基层无职党员作用的探究/课题组

玉环县级基本财力保障情况调查/姜仁武

关于推进玉环县企业债券工作的几点思考/陈时潘、潘应利

玉环县海洋经济开发战略初探/蔡林彩

玉环民营经济腾飞的地缘文化解读/耿礼文

关于我县创建"全国文化先进单位"的思考与建议/翁长锋、吴睿娟

孔德之容唯道是从——论孔子儒学与道学的并行与分野/徐春法

审美人类学视野下的文化展演——以楚门镇铁梗游行为研究个案/陈君

三大转型对创新流动人口服务管理工作的指导意义/刘欲忠、罗利君

玉环县鸡山乡探索“多村一中心”模式实现村级便民服务区域共建/课题组

大麦屿街道基层宣传文化干部思想状况调查报告/林崇义

透析“苏尔达经验”探索非公企业感恩教育/课题组

以“两区”建设为主平台切实推动玉环农业转型升级——玉环县农业“两区”建设的若干思考/陈敦忠、张友润

关于我县城市亮化建设的思考与对策/叶长林

以反规划理念引领区域科学发展/陈华锋

2012 第 2 期(总第 5 期):

党建工作在服务生态文明建设中要发挥“四个作用”/耿礼文

反腐倡廉绩效评价体系的构建/陈长有

道德文化与社会主义核心价值体系建设初探/徐春法

台州文化的核心价值观:“硬气”和“灵气”/陈时潘

试论玉环人文精神与核心价值观的建构/冯根水

以绩效督评为推手玉城街道实现机关效能再提升/陈静

坎门渝汇小区不均匀沉降事件处置工作探究/梁学超

玉环县依托外来人员党组织积极化解流动人口矛盾纠纷/王静善

干江镇确立“四扶”工作目标加强换届后村两委班子队伍建设/曾华贵

沙门镇双斗村“三有一体”发挥无职党员示范作用/肖敏

芜湖玉环外迁企业调查报告/陈海鸣

论台商投资大陆的现状及发展趋势/课题组

玉环县水暖阀门实现块状经济向现代产业集群提升/俞快、孟令东

加强历史文化遗产保护推动美丽乡村建设/黄立轩

我县养老服务业发展现状研究/管银荣

发挥老年协会作用助推新农村建设/赵华、仇晓敏

2013 第 1 期(总第 6 期):

关于加快我县现代服务业发展的思考/阮挺峰、王冰莹

关于加快推进玉环海洋经济发展的调查与思考/潘勤亮、陈金艳、张素燕

关于加快我县工业经济转型升级的思考/吴玲明、郑挺

人口老龄化与玉环县域经济可持续发展研究/刘晓阳、曾碧伟、陈一林

玉环农村社会养老保障面临挑战及对策研究/刘霞、陈晓阳、陈哲

玉环海洋文化建设的思考与建议/王孝聪、黄玲琼、詹晓霞

民俗文化在公共文化服务体系建构中的发展路径初探/吴睿娟、赖可为、杨宗艳

玉环县有效投资工作的分析与思考/许默、陈文雅、骆海峰

关于我县科技合作的实践和思考/徐婷婷、张明华、阮剑峰

大麦屿港口岸开放发展工作浅析/阮宏虎、张标、陈宾峰

我县水资源及水环境的调查与思考/吴华安、曾永昌、陈振民

树立经营城市理念推进玉环全岛新型城市化建设/郑必荣、叶锡芳、支秉团

关注新“市民”教育提升城市整体形象/陈晓静、曾长青、黄斌

2013 第 2 期(总第 7 期):

行政控制及其创新管理:关键岗位跟踪督评制度的实效建设/课题组

新形势下加强对村委会引导和管理研究/王建龙

最美精神何处寻——从文化资源整合和社会空间培育起步/陈时潘

解决瓶颈问题　打造“最美玉环”/冯根水

以鸡山为例刍议推动海岛旅游经济发展/叶长林

以创新驱动战略促进“四翻番”的路径探索/潘应利

以“鲶鱼效应”激发干劲　借“紧箍咒”强化管理——探索转变作风、提高效能之我见/金启光

凝人心树形象让小空间产生大效应——清港镇探索开展非公企业党建团建“一刻钟”工作法/课题组

龙溪乡建设美丽乡村的实践与思考/王琳

情感型社区的构建模式及演化方向——以玉环社会管理机制创新为例/张宏

基于生活质量的社区养老实证研究——以 Y 县为蓝本/林婷婷、陈君

“国家一社会”视阈下民间信仰的乡村治理功能——以鸡山八将文化为例/课题组

企业文化与民营企业发展研究——基于玉环县的实证研究/陈萌、林伯明

2013 第 3 期(总第 8 期):

学习型组织建设的认识和思考/陈海晓

机关党员干部思想作风问题初探/苏光周

论“最美”现象在缓解社会道德焦虑和困境中的作用/课题组

播撒“最美”种子　弘扬“最美”精神——“最美事迹”的启示/姚丹丹

建设农村新社区　推进全岛城市化——基于农村社区股份合作制改革实践/张斌

玉环县海洋经济发展现状及举措/李振宇、孔海德、褚新东

关于我县“网络化管理　组团式服务”工作的实践与思考/邢文彬、徐英法、郑作鸿

玉环建设民生幸福城市的思考与探讨/吴敏雪

干江镇村级组织换届试点工作的实践与思考/课题组

推进社区教育　构建和谐社会——玉环县社区教育工作实践与探索/李冬斐、薛曾华、熊邦忠

农村文化礼堂建设浅谈/课题组

优化党员队伍纯洁机制　把好党员发展“入口关”——玉城街道探索“农村党员发展公益积分制”案例及启示/张祥意

符号·意义：楚门铁梗的文化表征及其传承保护/陈君

社会主义文化强国建设下的家庭文化新发展/孙梦璐

2013 第 4 期(总第 9 期)：

新形势下玉环民营企业思想政治工作调查/李静、曾县区、王剑锋、叶红叶

健全医疗卫生系统惩治和预防腐败体系研究/吴叶健、林士勇、李琼环

生态综合型开发区研究——以浙江玉环经济开发区为例/毛华彬、李加兵、郑祥胜

坎门现代渔港经济区发展方向的思考/游世先、孙亮、江涛

关于养老保险制度间衔接暨老农保与城乡居保并轨的研究和探讨/胡存尧、徐招旺、王晓晓

玉环县社会经济发展环境承载实证分析/钱显贵、王小未

“十二五”期间玉环县教育信息化发展建模研究/江德海、王海平、张晓妮

探索推进新型城市化的实践与思考——以楚门镇小城市培育为例/袁敏鸿、黄海青、颜通森

关于玉环县城区交通拥堵状况的调查报告/陈定贵、洪浩、钟辉军

玉环可持续发展的重要战略取向——基于绿色产业的视角/张扬威、林楚炳、李金春、张海萍

浙江中小企业集群模式研究——玉环阀门产业群调研报告/仇晓敏、江新伟、李建春

加快推进我县汽摩配行业“机器换人”现代化技术改造的思考/骆波、钱锦慧

玉环县小额贷款公司发展问题研究/张毅、萧金水、陈淑君

关于玉环金融服务地方实体经济发展的调研报告/王辉、郑永明、阮书蔚

当前玉环民间借贷诱发经济社会问题的调查与思考/陈绍青、倪青法、郭传钦

2014 第 1 期(总第 10 期)：

新时期乡镇干部队伍建设现状的调查与探究/王建龙

完善非公企业党员动态管理机制研究/将定杰

践行群众路线做强现场教学/耿礼文

建立群众评价干部制度的实践与思考/王琳

新时期群众路线深入践行的时代意义及路径探究/陈君

论科学技术与中国特色社会主义发展的必要条件——以苏联为例/成晓叶

“中国梦”嬗变的理论透视/刘瑜

新形势下做好乡镇人大工作的几点思考/陈奇亮

关于玉环旅游业发展的几点思考/黄德建

清港镇倾力打造三大“草根”平台　扎实推进农村精神文明建设/课题组

关于乡镇产业转型升级突破的战略思考/许圣华

推进城镇化转型　释放最大改革红利/潘应利

楚门镇大力推进“清水惠民”工程　重圆古镇“清水梦”/陈金东

生态文明建设的实践与思考——以Y县为例/课题组

2014第2期(总第11期):

基层学习型党组织建设的实践与探索/叶长林

社会认同理论视野下的非公企业党建研究——基于Y县“一刻钟”党建工作法的实证分析/课题组

社会主义核心价值观视角下爱国主义教育活动的资源开发与价值透析/陈君

以“诚信与文明”行动推动市民践行社会主义核心价值观/陈君岳、郑华

培育和践行核心价值观,创建示范文明城市/杨筱易

基于内生发展理论的乡村文化创意产业价值链构建及开发——以浙东Y县漩门湾创意农业园为例/课题组

我县职工工伤事故发生率居高不下的原因及对策/陈海晓

论大数据背景下政府统计的转变/许福娇

外迁企业发展情况调查报告——以芜湖长兴玉环外迁企业为例/蔡木贵

海洋循环经济发展模式探究——以玉环县海洋循环经济建设为例/褚新东

干江镇关于“三式工作法”兑现村干部承诺的自评报告/曾华贵

聚“四力”破“四难”——芦浦镇井头村加快推进生态公墓建设案例解析/王必胜

坎门街道坚持“三结合”建设文化礼堂　打造群众精神家园/课题组

乡村休闲旅游新天地的创意开拓——玉环龙溪镇的“五借”做法探究/王琳

美国拉美公共外交的实践及对中国公共外交的启示/成晓叶

人大信访协事会在“息访”上发挥积极作用平稳做好村委会主任辞职和补选工作的案例与启示/潘寿力

2014第3期(总第12期):

立党风·勤廉政·求务实——习近平同志浙江工作期间党风廉政建设思想解读/陈君

合作社上抓党建　党建融入产业中——干江镇农民专业合作社党建工作的思考/曾华贵

清港镇构建“五位一体”治水模式助推美丽幸福新城镇建设——关于水环境治理与新城镇建设的思考/郑真

以“三表三评三行动”　打好“五水共治”攻坚战/范华乐

社会学习理论视角下的社会主义核心价值观大众化路径研究——基于Y县“孝馨玉城”的实证分析/林婷婷

文化　道德　法治——浙江人共同价值观建构的思考/叶长林

市民化视角下的新生代农民工公民意识研究——基于Y县两代农民工的实证分析/陈时潘

社会排斥视阈下外来务工妇女劳动权益保障问题研究——基于Y县的实证研究/陈萌、林伯明

稳定对台直航推动浙台(玉环)经贸合作区建设/李振宇、褚新东

产业结构优化对经济发展的影响——以台州市为例/金富聪

如何加强廉洁村建设的几点思考——以沙门镇为例/课题组

创新思维　服务群众　积极推进楚门文化新发展/林彬彬

部分参战退役人员维稳案例分析/陈毅法

严格依法操作　规范民主选举——沙门镇乌岩村换届选举案例分析/王万林

剑拔弩张戾气重　人民调解化干戈——意外坠楼突发事件成功处理的案例/卓玉宝

以“三心”积极化解老信访积案问题/陈剑峰

2014 第4期(总第13期):

学《之江新语》　悟五股新风——学习习近平同志系列重要讲话精神与加强党的作风建设的体会/叶长林

农村党员服务户制度的实践与探索/林列霞、吴旭晨

县级党校后勤服务社会化的实践和思考——以Y县党校为例/张斌

基层社会治理的强大“活力”源自何处?/张宏

乡土传统与新型城镇化的互动研究/李传喜

乡村精英的代际传承:内生性社区权威的演化/张红阳

从“重农抑商”思想看中国古代法私权主体的缺失/林子博

中国传统饮食文化与“中和”的精神内涵/胡星南

招商引资工作的区域性创新:基于玉环县域分析/刘定洋、金富聪

民间金融规范化经营与中小企业融资支持研究——以温州为例/课题组

如何开展对经济普查资料开发应用的思考/郑华

关于村干部绩效管理的实践与思考/曾华贵

党纪案件公开审理的几点思考/课题组

2015 第1期(总第14期):

聚焦海山周边岛屿开发利用探索玉环未来发展新优势——打造现代养生度假旅游列岛/陈茂荣

民营中小企业信托融资框架建构分析/夏梁省

玉环县创建省级循环经济示范县的成效、思路及模式经验/褚新东

交往行动理论视阈下的基层协商民主路径开拓——基于玉环县“四见面”重点提案协商办理机制的个案研究/耿礼文

多元主导的基层行政权力监督与有效规划——基于玉环县的实证分析/陈君

现行村民代表制度运行实效性问题的调查与思考/王建龙

探索统战工作新方式寻求社会和谐新机制/倪辉珍

关于玉环县“四网融合”便民服务体系运行情况的调查报告/课题组

开放教育环境下农民大学生班级文化建设研究/李冬斐

诵读传统文化经典构建和谐书声玉环/课题组

“村村顺”工程深化走亲连心/陈盼希

规范村干部报酬的探索与思考——以“鸡山乡”为例/课题组

2015 第 2 期(总第 15 期)：

以“集中活动日”为主载体探索机关党组织服务新途径/苏光周

关于构建工业园区党建“和合共同体”的探索与思考——以沙门滨港工业城为例/课题组

民间借贷的现实审视与制度引导——基于 Y 县的实证与思考/课题组

资源整合视角下台州物流业发展的实践与思考/金富聪

创新发展理念主推文化主导产业/夏梁省

园区循环化改造路径探析——以玉环经济开发区为例/褚新东、宋海龙

建构大数据实现个性化学习——以城关一中数字化校园建设为例/课题组

打造“有内涵、有温度”的掌上微电大——电大玉环学院微信云平台的应用与实践/课题组

以信息化手段打造服务型基层党组织的探索和实践/张祥意

玉城街道关于驻村工作信息化平台的探索和启示/钟加荣

开展我县乡镇人大工作的几点思考/王勇

2015 第 3 期(总第 16 期)：

关于以党代表工作室提升为载体完善基层党代表任期制的探索与思考——以龙溪镇党代表工作室为例/施明强、毛华彬

加强执政党文化建设的必然之为——列宁晚年关于执政党文化建设的思考/李金花

“经济新常态”和“互联网＋”背景下培育大众创业——万众创新的生态系统模式探究/褚新东

温州鞋业出口结构的优化路径研究/课题组

台州海洋经济发展策略研究/林子博

关于坎门“扶工助企”有关情况的调研/陈伟、李颜铭

复合联动：五水共治的机制创新与路径完善——缘于Y县的实证研究/课题组

嵌入性视角下渔文化遗产的可持续发展与政府行为研究——以浙东坎门渔区为例/张斌

玉环县试行流动人口积分制管理的实践与思考/林伯明、金晓君

对当前农村居家养老照料服务中心运作中存在问题的探讨——以玉环县大麦屿街道为例/课题组

淬炼党性永葆本色——党章党规党纪专题集中学习体会/李剑毅

要有一颗敬畏之心——学习党章党规党纪的心得体会/蔡木贵

根深狂风不拔心正邪恶不破/张素燕

坚挺党章党规党纪　做合格纪检监察干部——党章党规党纪专题集中轮训有感/赵仁国

家风家训建设与台州人公共精神的培育/课题组

家风家训：一个民族的修行/刘亚庆

加强家风建设筑牢“家庭防线”/叶长林

关于加强芦浦镇村庄建设管理的若干思考/张杨顺

多方联动推进高速公路工程征迁工作/林楚法

2015第4期(总第17期)：

当下如何发挥女村民代表作用的调查与思考——以玉环县海山乡为例/颜清清、叶长青、高春

村级治理视角下的农村党员发展问题研究——以玉环县芦浦镇为例/陈庆荣、黄明华、苏航

新常态下加强县级部门“体检式”巡查的实践研究/仇宝平、郑恩华、郑新泉

关于加强农村小额工程阳光监管的探索和实施——以玉环县干江镇为例/蒋其云、陈舒、陈华君

浅析我县小微企业发展困境和破局/陈超、罗娜、李银源

环保新常态视野下的小微企业转型升级研究/胡齐福、李正文、陈德明

关于新常态下推进我县社会组织参与社会治理的思考/洪方琦、林定春、许祥红

经济发展新常态下消防安全工作的思考——基于玉环县消防整治的实证研究/郑新泉、仇宝平、郑恩华

玉环县农产品产地土壤重金属污染状况调查/袁斌、王增标、袁升平

我县工业企业安全生产情况调研及思考/黄艳、孙骏、徐时进

玉环县养老服务体系建设的调查与思考/陈良为、陈辉、张晓东

浅析我县信息化发展现状及对策/孟令东、戴华霜、张苏菲

关于提升我县医疗卫生服务能力的思考/张秀杰、周朝敏

历史文化名镇的保护与改造研究——以楚门镇为例/吴巍峰、冯玉霜、陈张德

全县两车案件防控治理对策研究/高秋玉、林晴雯、颜通华

外来青少年法制关爱工作的品牌建设与探索——基于加强我县外来青少年法制关爱工作的若干思考/刘淑芬

2016 第 1 期(总第 18 期)：

关于“党建＋社工”融合发展模式的探索和思考/范华乐

加强村级党组织“带头人”队伍建设的探索与思考——以清港镇为例/郑圣克、吴旭晨

关于加强村级后备干部培养的思考/项光旭、罗林

抓住机遇积极主动联合温州共同打造环乐清湾经济圈/陈茂荣

浅谈打造海峡两岸自由贸易岛三大战略/钟兴富

玉环县水暖阀门行业发展现状与对策建议/郑华

稳中有升谋发展提质增效促转型——2015 年玉环县经济形势分析/孔灵文

玉环县应对气候变化形势分析与对策建议/褚新东

加强海岛本土人才队伍培育的探索和思考/蔡莹莹、吴莎莎

建立健全服务机制创建创新服务平台——玉城街道全面实施“五创”推动“同心细胞”工程/倪辉珍、周银燕

以评议规范执法行为以督改提升服务质量/王万林

2016 第 2 期(总第 19 期)：

有益的探索　深刻的实践——论“两学一做”的时代内涵与实践路向/祝小茗

习近平对服务型执政党建设的重要贡献/梁晓宇

关于玉环旅游业发展战略的思考/陈茂荣

开局平稳预期向好——玉环县 2016 年一季度经济运行情况分析/孔灵文

浙江打造沿海地区对台经贸合作带的探索——浙台(玉环)经贸合作区建设的调研思考/张全文

城乡均衡发展下新型农村社区治理研究——基于 Y 县的实证分析/课题组

民间组织参与社会治理的多模式探索——基于 Y 县的实证分析/课题组

尚和合扬美德求大同/刘亚庆

浅论和合文化在美行玉环品牌建设中的理论价值/林婷婷

浅谈“和合文化”与同善清港/王萍晓

台州传统饮食文化与“和合”精神的内涵剖析/陈君

关于“村务预商制”的实践与思考/叶长林

加强海防一类女子民兵哨所建设之管窥/李华真

2016 第 3 期(总第 20 期):

红军长征胜利的国际影响及意义——纪念中国工农红军长征胜利八十周年/祝小茗

关于加强新时期街道社区党建工作的实践和思考/蔡木贵

玉环经济发展的短板和路径选择/陈宗良

玉环汽车零部件制造业发展现状与对策建议/郑华

互联网金融发展与规范研究——以四大主要模式为视角/金富聪

市民化视角下的新生代农民工法律意识研究——基于 Y 县两代农民工的实证分析/课题组

社会变迁理论与女性犯罪研究——缘于 Y 县的启示/陈萌

廉政在政德文化中的内涵及当代价值/课题组

涵养儒雅师生构建和合校园/刘祥龙

和合文化的当代研究价值/俞嘉音

龙溪镇深化党代表工作室服务职能探索建立“代联、代办、代管”工作机制/王琳

打造“党建社工邦”品牌助推社会组织党建工作特色/课题组

海岛县“十三五”空间布局探索——以浙江省玉环县为例/潘应利

2016 第 4 期(总第 21 期):

关键在党关键在人——习近平总书记谈治国理政之从严治党/李金花

试论孙中山对中国政治现代化道路的贡献——纪念孙中山先生诞辰 150 周年/祝小茗

关于健全党员服务中心党员管理机制的实践和思考/张祥意

基于 MPV 识别的科技型小微企业金融支持与信用评价方法研究——针对浙江台州小微企业的样本研究/夏梁省

把握新方向开拓新局面——“十二五”时期玉环县经济社会发展成就回顾/孔灵文

加速推进新型工业化的几点思考和建议/陈俏利

城镇化进程中农村再集体化研究——以台州为例/李传喜、张红阳

微政时代下基层政务微博的困境及路径选择研究——以“玉环发布”为例/刘亚庆

杨玉环与玉环县名内在联系推理/金鑫

家规家训中的天台山“和合”思想及其价值内涵/陈君

浅析“和合文化”与统计的关系/郑华

玉环县特色小镇工作总结/课题组

心服务新天谊馨矫正——天宜社工参与社区矫正/陆浩

用好“数字”方法实现“三力”驱动——坎门街道办事处“扫黄打非”试点工作经验总结/课题组

2017 第 1 期(总第 22 期):

深刻理解“四个意识”的内涵及要求——学习党的十八届六中全会精神/祝小茗

关于党群共建一体化新途径的探索和思考——以清港镇为例/郑圣克、吴旭晨

玉环县发展新能源汽车产业链可行性报告/詹福章、孟令东、陈俏利

积极因素增多　经济运行向好——玉环县 2016 年经济运行回顾及 2017 年展望/孔灵文

内生型乡村治理的机制与路径研究/李传喜

“国家与社会”视野中基层政府购买服务的实践与探索——玉环县天宜服务社的个案分析/陈君

物业企业的现状分析与发展路径的探索——以 Y 县为例/王腾蛟

玉环命名与杨玉环关系再探——纪念玉环命名 1110 年/阮存寅

和合文化视域下社会主义核心价值观大众化路径探索——以玉环县巾帼志愿服务为例/周丹

保护与美化海景村落　提升海湾城市魅力/陈茂荣

关于加快小城市培育　建设一批产业文化主题功能区的思考/刘定洋

玉环县出租房屋“旅馆式”管理　源头倒逼房东规范出租/课题组

2017 第 2 期(总第 23 期):

撤县建市对玉环经济社会发展影响/课题组

基于大生态理念下建设玉环现代化海湾城市的战略探讨/刘时金

解放思想和跨越发展的衔接式思考——写在玉环撤县设市的新起点上/课题组

“四个伟大”:中国特色社会主义理论认识的新高度——深入学习习近平“7·26”在省部级主要领导干部专题研讨班上的重要讲话/祝小茗

海山乡外出党员教育管理问题研究/吴莎莎

流动人口社会治安综合治理新模式探索——以玉环市居住出租房屋“旅馆式”管理为例/陈正方

全面从严治党新常态下的行政审批流程设计与改革路径选择——基于 Y 市“最多跑一次”事项清单的实证研究/课题组

社会资本理论视阈下农村居民社区治理参与行为研究——以 Y 市为例/刘亚庆

玉环对接浙江省“大湾区”行动的发展研究/王志胜、褚新东

供给侧结构性改革视阈下乡村文化创意产业的发展研究——以 Y 市石峰山创意火山茶园为例/林婷婷

实际利用外资对地区发展的影响——以台州市为例/金富聪

温岭东部新区海绵城市建设的几点启发/张素燕

农村基层作风巡查工作的实践与思考/王建新

2017 第 3 期(总第 24 期):

社区服务型党组织建设的问题及对策研究/李金花

村级治理视角下的农村党员发展问题——以芦浦镇为例/陈庆荣

一带一路倡议下思考:大麦屿港如何迎接发展新机遇/林海云

关于我市加快有效运作 PPP 模式的对策建议/课题组

海岛空巢老人生活现状的调研报告——以海山乡为例/黄佳

电动自行车火灾事故成因及建议/课题组

浅论和合文化在台州城市身份建构中的作用/王培敏

识礼仪、知廉耻、树新风——礼仪文化与党员领导干部的行为规范/课题组

关于村级党员便民服务驿站的实践和思考/叶长林

关于上段“村中村”改造的思考/陈一林

2017 第 4 期(总第 25 期):

中国共产党依法治国方略的演进历程及启示——认真学习领会党的十九大报告关于“依法治国”的论述/祝小茗

农村党组织主题党日质量提升的思考与实践/胡盼婕、罗林

关于统筹旅游资源,构建“全域景区化”发展格局的建议/课题组

海峡两岸自贸区的制度创新与路径优化——以玉环大麦屿自由台贸小镇为例/课题组

政府动员、乡贤返场与嵌入性治理:乡贤回归的行动逻辑——以 L 市 Y 镇乡贤会为例/李传喜

玉环市女性微创业现状调查与思考/潘薇萍

现代语境下“礼仪”文化的内涵特征和价值/陈君

重礼崇德　提升城市软实力/刘亚庆

统战唤醒新能量　乡贤凝聚新动力——玉环市积极推进乡贤联谊会建设/王培敏

关于加快海山乡“国际旅游岛”开发建设的若干思考/蔡莹莹

2018 第 1 期(总第 26 期):

玉环港产城湾一体化发展研究/褚新东

乘势扬帆　玉环经济实现新跨越——2017 年玉环经济运行回顾及 2018 年展望/孔灵文

支持型社会组织参与基层社会治理的机制研究/朱露露

共享经济视角下在线短租 C2C 市场发展路径选择——基于杭州市的实证研究/刘

亚庆

玉环“妈妈式”服务助推企业高质量发展/课题组

“妈妈式”服务构建“亲清”新型政商关系/叶长林

玉环市“榴岛面对面”基层民主监督实践/课题组

基于“翻转课堂”理念的开放教育教学模式重构研究——以应用写作课程为例/李冬斐

2018 第 2 期(总第 27 期):

促进基层党代表作用实效性发挥的实践与探索/叶长林

关于深化党代表管理工作的探索——以清港镇党代会常任制工作为例/周丹

嵌入性视角下基层党建社会性功能开拓的路径探索——基于 Y 市 T 社“党建＋社工”模式的案本分析/陈君

基于产业创新升级视角的特色小镇培育探索——以台州为例/邢震

中美贸易摩擦对玉环外贸出口的影响分析和对策建议/马力兵

玉环市“多城联创”工作的实践与启示/游国文

农村运动式环境治理中的话语政治研究——以村镇环境革命为例/张雅君

关于加快推进“多规合一”深化“最多跑一次”改革的对策思考——以浙江省玉环市为例/潘应利

关于提升玉环市“最多跑一次”改革满意度的调研报告/课题组

玉环打造浙台交流合作“最佳平台”经验/张全文

2018 第 3 期(总第 28 期):

习近平新时代中国特色社会主义思想的逻辑起点/祝小茗

落实基层党建工作责任制的实践与思考/课题组

玉环机电行业外贸出口运行情况分析及应对建议/马力兵

金融服务实体经济:浙江金融创新与产融协同发展的实践探索/夏梁省

互助养老:边缘地区空巢老人养老模式探索/林婷婷

从社员身份的演变看集体经济组织形式的重构——改革开放进程中的农村股份制改革/李金花、朱露露

基层政府购买服务的玉环实践与深化建议/课题组

芦浦镇坚持党建引领实现镇村面貌嬗变的实践与思考/课题组

2018 第 4 期(总第 29 期):

农村党组织主题党日质量提升的思考与实践/课题组

大力弘扬“红船”精神不忘初心牢记使命/叶长林

玉环高质量建设海岛统筹发展试验区的经验模式/褚新东、李晨

中美贸易战的思考以及对策建议/课题组

动力机制逻辑基础行为策略——对浙江“最多跑一次”改革样本的基本经验剖析/陈玲玲

基于扩展STIRPAT模型的浙江省排碳量的人为因素探究/陈宇光

深化卓玉宝工作室的实践与探索/课题组

推动农村一二三产融合发展的对策研究/课题组

关于如何做好玉环市旅游产业统计工作的若干思考/董珊珊

农村党员志愿服务活动中存在的问题与对策/课题组

第六章　基层宣讲

县委党校围绕中央、省委、台州市委和玉环县(市)的重大决策部署,充分发挥基层党校在农村党员干部教育中的主阵地作用和县委党校教师在县委讲师团中的主力军作用,配合阶段性的中心工作,结合党情、社情、民情,主动深入全县部门机关、乡镇、企事业单位开展形式多样的专题宣讲活动。特别是步入信息化时代,借助现代信息技术,注重"线下党校"与"线上党校"同步并进,力求出精品、出实效。

第一节　基层党校

1986年6月,创建乡镇党校。至1988年9月,经过两年多时间的努力,全县各乡镇陆续建立29所党校。至年底共举办党员培训班850期,受训9.43万人次,成为县、区、乡镇党委抓党员干部队伍思想建设的重要阵地,推动了农村各项工作的开展。

1990年,中共玉环县第九次党代会提出"抓基层,打基础"的指导思想。县委根据台州地委的统一部署开展农村党的工作达标活动,提出"抓住乡镇关键,夯实农村基础,做好提高党员素质文章"的党建工作思路,高度重视基层党的建设。

2014年玉环县基层老龄干部培训班

1991年,县委宣传部、县委组织部、县纪委、县委党校围绕县委中心工作,拓宽办学思路,以"抓两头、促中间、全面提高办学质量"为目标,落实配套措施,使乡镇党校建设上了一个新台阶,为加强基层党的建设,保证县委及各区、各乡镇党委工作目标的实现,发挥了积极作用。实行分级考核制度,引入竞争机制,抓党校活动的规范化。通过考核评分,分为五个级别：基本完成县下达的教学任务且达到教学要求的为三级，基本合格；在此基础上，做到办学特色明显、教学效果显著的，评为二级或一级，为县先进党校，一级党校具备参加省、地级先进党校评比资格；教学活动不够正常，达不到三级要求的，定为四级或五级，为不合格。县委宣传部、县委组织部、县纪委、县委党校建立联席会议制度，分工协作，抓指导服务工作正常化，及时掌握全县乡镇党校的活动情况，及时帮助总结经验，查找差距，提供服务。坚持每季度一次例会，分析研究动态，分头落实任务。周密安排年度教学计划，指导乡镇党校全年教学活动，提供党课辅导参考资料，组建讲师团，为乡镇党校提供师资。全县28所乡镇党校共开设党课362课时，受训7.78万人次（最多的18期22课时）；举办科技知识培训273期，受训3.12万人次。

2011年玉环县百强企业经营管理者培训班

2014年玉环县村干部培训班

2010年，针对乡镇（街道）基层党校工作实际，出台相关指导、考核体系。

2011年，以“创先争优”为动力，推进基层党校投入“创先争优”活动。建立全县基层党校校长联席会议制度，研究制定县对乡镇（街道）党建责任制考核党校工作项目细则，指导完善党员干部培训网络，形成以县委党校为主体、以基层党校及其教学点为延伸的两级教学体制。建立由领导干部和党校教师为主，科技人员、先进模范和致富能人等为辅的基层党员教育师资库，聘任兼职教师70人。结合玉环农村工作实际，针对村两委主要负责人、大学生村干部的培训需求，按照加强党的执政能力建设和先进性建设的要求，把政治理论和政策法规定为必修课程，把文化素养和技能训练作为提升内容。

2012年，加强对乡镇（街道）党校工作的指导，出台《考核细则》，创新县乡两级党校整合运转的“一个枢纽，三大环节”理念，即以县委党校干部教育培训为枢纽，带动各乡镇（街道）党校开展日常党课教育、党性实践锻炼和调研文章荐评三个环节工作，为党员干部终身抓学习、全面受教育提供有效服务。

2016 年，注重县委党校与乡镇（街道）党校的联系和沟通，定期召集乡镇（街道）党校负责人交流基层党校办学经验，探讨实现县乡两级人才的流动和互补，共同做好新形势下党校工作。

第二节　宣讲活动

1990 年，县委党校派教师深入全县部门机关、区、乡镇、企事业单位，开展时事形势宣讲和党的基本路线、社会主义、爱国主义教育 86 场次，平均每月下基层近 7 次，受众 11500 人次。

1992 年，深入全县部门机关、乡镇、企事业单位宣讲邓小平南方谈话精神和党的十四大精神 115 场次，受众 1 万多人次。

1993 年，深入基层理论辅导 40 多场次，受众 8000 多人次，特别是《邓小平文选》（第三卷）和《中共中央关于建立社会主义市场经济体制若干问题的决定》及反腐败斗争宣讲，年底一个月辅导 20 多场次。

1995 年，分别为县边防大队、玉环盐场等单位及全县 12 个乡镇的政治学习、形势教育、社会主义基本路线教育作辅导报告 75 场次，受众 8000 多人次。

1996 年，为各部门单位讲授马克思主义理论、中国特色社会主义理论等基础课程，作党的十四大和十四届五中、六中全会精神专题讲座。到各乡镇开展形势教育和党的十四届六中全会精神专题辅导，共 30 多场次，受众 5000 多人次。

1997 年，为各部门各乡镇作马克思主义理论、邓小平理论等基础课程及香港回归、党的十五大精神专题讲座，共 98 场次，受众 9300 多人次。在下基层宣讲的同时，开展调查研究工作。

1998 年，深入全县各乡镇宣讲邓小平理论和党的方针政策、开展形势教育 92 场次，受众 10260 人次。

1999 年，深入全县各乡镇宣讲邓小平理论、开展形势教育 72 场次，受众 7200 人次。

2000 年，派出教师下基层作学习宣传邓小平理论、“三个代表”重要思想，贯彻党的路线方针政策辅导讲座 62 场次，受众 6000 人次。

2001 年，派出教师下基层作学习宣传“三个代表”重要思想和“七一”重要讲话、党的路线方针政策及形势教育辅导讲座 72 场次，受众 8000 人次。

2002 年 7 月，按照中共台州市委关于实施“千名村支书培训工程”的通知精神及县委的部署，到各乡镇、部门单位开展宣讲活动，加强宗旨教育，增强致富本领，提高业务水平和强化农村干部民主和法治意识，共宣讲 61 场次，受众 5900 人次。以《理论信息参考》

为阵地，选登有一定权威性和指导性的理论文章，为党委理论学习中心组和广大党员干部理论学习提供参考。

2003 年，配合“三个代表”重要思想学习教育活动，1 人参加台州市委宣讲团，6 人参加县委兼职讲师团。全年到乡镇、部门单位宣讲 45 场次，受众 500 多人次。与县广播电台联合开设学习党的十六大精神系列讲座，与玉环报社联合创办理论专栏。

2004 年，推出理论宣讲“菜单式”服务，将党校全年专题课印发到各部门各乡镇，并挂到干部教育虚拟网上，按需点课。全年共宣讲 140 多场次，受众 6000 多人次。同时，邀请国家级、省级专家学者到玉环宣讲，提升理论宣传层次。县委党校与县委组织部联合举办干部理论学习虚拟学校，在网上公布阅读书目和试卷，把干部理论学习延伸到学员办公室。

2005 年，配合保持共产党员先进性教育活动年，选派 7 名教师分别到全县各部门、各单位、各乡镇及村党支部举办专题宣讲，共宣讲 52 场次，受众 5000 多人次。刊出 2 期《理论信息参考》，向各部门各乡镇系统地介绍党和国家最新的理论动态和政论信息。

2017 年 9 月说课研讨会

2006 年，先后组建新党章、新农村建设、社会主义荣辱观、《江泽民文选》、十六届六中全会精神等多个宣讲小组，深入各部门、乡镇、企业、社区、村居、党校作专题报告或讲座，共 90 多场次，受众 8000 多人次。

2007 年，在“宣讲形势送政策”活动中，下基层宣讲 100 多场次，受众 9000 多人次。

2008 年，组建党的十七大及十七届三中全会精神解读、改革开放 30 周年与创业创新、机关作风建设、科学发展观、新党章和党的建设、国内国际政治经济形势分析、物权法解读等多个宣讲小组，深入各乡镇、部门、企业、社区(村居)及学校作专题报告或讲座，共宣讲 100 多场次，受众近万人次。6 月下旬，党校牵头联合县直属机关工委、各乡镇、县外来人口服务管理局到诺贝、康华、新颖、隆中、沃尔达等企业，为外来民工党员开展上党课、送党章迎“七一”活动。

2009 年，组织部门、乡镇宣讲员参加中央、省(市)委党校理论培训，并及时组建讲师团。结合第二、第三批学习实践活动及迎“七一”“十一”等重大节日活动，围绕科学发展观、中华人民共和国成立 60 周年伟大成就、改革开放 30 年与创业创新、党的十七届四中全会精神等主题，下基层宣讲 110 多场次，受众 9800 人次。

2010 年，结合“争先创优”主题活动、“深化双服务，建设三平台”战略实施、节能减排工作及迎“七一”“十一”等，围绕党的十七届四中、五中全会精神及科学发展观、党史党建、生态文明等专题，下基层宣讲120多场次，受众近万人，涌现一批精品课程和优秀宣讲员。

2011年，紧扣“争先创优”“解放思想、创业创新”等主题，围绕科学发展观、党史党建和社会主义文化建设等专题，赴基层宣讲120多场次，受众近万人。

2012年，开展“优选师资走基层，专题宣教促和谐”活动，依托各乡镇（街道）党校教育网络，组织教员巡回宣讲党的十八大精神、科学发展观、党史、党建等120多场次，受众1万多人次。特别是县乡各老年大学和龙溪乡流动人口教育基地，形成长期合作、常态教学的局面，群众参与度高。

2013年，围绕贯彻落实党的十八大和十八届三中全会精神，紧扣“拔钉破难优服务”和“三县三城联创”两大工作主载体以及建党、国庆等重大节庆，依托与各乡镇（街道）党校之间的党员教育网格，深入开展党课进企业、进基层、进机关活动，共计宣讲90多场次，受众8000人次。

2014年，面向县管领导干部定期推出“读书沙龙”活动，安排“依法治国”“五水共治”等4期主题座谈，深化党校工作资政功能和社会责任。为新农村建设出谋划策，走进村（社区）“发展规划室”“信息交流室”“致富点子室”，报送工作案例29篇。建立健全乡镇（街道）党校工作网络，牢记政治上清醒、是非上清晰、事实上清楚的基本要求，坚持思想正统性、言论正确性的原则，恪守不信口开河、不哗众取宠、不传播噪音的规矩，做好政策普及化、理论大众化工作，主动开展统一思想、凝聚人心、解疑释惑、鼓劲加油的宣讲工作，下基层宣讲86场次，以占县委讲师团15%的人数完成70%以上的课时，受众8500人次。

2015年，扩大“书香玉环”读书沙龙活动规模，邀请参会领导干部100多人次。下基层宣讲90多场次，受众8000人次。

2016年，推出精品课程“从‘四个全面’把握治国理政新思路”“中国道路：我们为什么自信”等，下基层宣讲90多场次，受众8500人次。“书香玉环”读书沙龙活动以“两学一做”“大桥经济时代”等为主题，参会领导干部100多人次。

2017年，精品课程“省十四届党代会精神解读”“从‘四个全面’把握治国理政新思路”“踏上全面从严治党的新征程”等专题课程，下基层宣讲115场次，受众11000人次。“书香玉环”读书沙龙活动以“玉环撤县设市的机遇和挑战”“家风建设”“湾区经济——优势和挑战并存”等热点为主题，邀请参会领导干部100多人。

2018年，推进“线下党校”与“线上党校”建设，基于党校平台，整合资源打造龙溪“山里红”、芦浦尖山红色驿站等实践基地。按共建共享的模式，建立教育资源人才库，并通过备课会、沙龙会、项目对接会等多种方式，提高教学的实效性，从资金投入、人才建设、理论研究等方面加大工作保障。下基层宣讲110多场次，受众10200人次。

除1991年资料缺失外，1990—2018年，中共玉环县(市)委党校教师下基层宣讲1200多场次，受众超过21万人次。

1990—2018年中共玉环县(市)委党校教师宣讲情况表

表6-1

年　份	宣讲场次	受众人次	年　份	宣讲场次	受众人次
1990	86	11500	2006	90	8000
1992	115	10000	2007	100	9000
1993	40	8000	2008	100	10000
1995	75	8000	2009	110	9800
1996	30	5000	2010	120	10000
1997	98	9300	2011	110	9500
1998	92	10260	2012	120	10000
1999	72	7200	2013	90	8000
2000	62	6000	2014	86	8500
2001	72	8000	2015	90	8000
2002	61	5900	2016	90	8500
2003	45	500	2017	115	11000
2004	140	6000	2018	110	10200
2005	52	5000			

第七章　后勤保障

第一节　行政后勤

1952 年 11 月，玉环县干部学校择址环山镇西青岭南麓仙人洞附近的关庙和东岳庙（今属玉城街道西溪社区）。1954 年底，为了适应教学需要，县财政拨款翻修关庙大殿作为大会堂。1955 年下半年，省里拨款 8000 元，建造 16 间平房作为学员宿舍；同时，修建一个饭厅，扩建大会堂。

1965 年，县财政拨款建造县委党校 5 间办公楼。1978 年，新建建筑面积 1250 平方米的学员宿舍楼，至 1979 年建成。1981 年 1 月，翻修建筑面积 500 平方米的大会堂。1983 年，新建建筑面积 630 平方米的教工宿舍楼(12 套)。

1986 年 5 月，西青岭隧道工程开工，接线工程穿过县委党校校区，拆除一幢建筑面积 318 平方米的三层办公楼、建筑面积 500 平方米的大会堂、建筑面积 240 平方米的食堂、建筑面积 150 平方米的临时教室、建筑面积 320 平方米的其他用房，路东部分已不能使用。仅留路西部分，占地面积 5667 平方米，保留一幢建筑面积 1250 平方米的学员宿舍楼、一幢建筑面积 630 平方米的教工宿舍楼。

1987 年，建成建筑面积 580 平方米的食堂。1990 年，动工建造建筑面积 940 平方米的四层教学校，至 1991 年 7 月竣工。

1990 年，图书室藏书 21600 多册、参考资料 15000 多册。

1993 年，投入近 5 万元，在大会议室安装空调；投入 3 万元添置食堂设备和用具；投入 3 万元修建 2 个简易教室。

1995 年，投入 14 万元重新装修招待所，改造危房，建造化粪池，改善客房设施，提高住宿档次。投入 10 万元改建招待所会议室，改善办公条件和会议接待条件，使会议与膳宿配套。投入 3 万元，建造中专班食堂、绿化校园。

1996 年 11 月中旬，全省函授教育工作会议在玉环召开，全校教师全身心投入服务接待工作。全年共安排会议和培训班 30 场次，接待 32150 人次，其中省级 3 次 210 人，台州市级培训 4 次 11060 人次，县级培训 7 次 20880 人次。

1997 年，采取县财政拨一部分和党校自筹一部分相结合的办法，投入 140 万元，兴建综合办公大楼，其中县财政拨款 60 万元。至 1998 年 9 月竣工并投入使用。

2001 年，投入 10 多万元，对会议室、卫生间和教室内的设施进行改造。

2003 年，投入 10 多万元，建立中央党校远程教学接收站，在新会议室添置多媒体教学所需的电教设施。全校教师投入防治非典工作，学校向全体教职员工发放体温表和口罩，定期对教室、办公楼及校园进行消毒。

2004 年，投入 10 万元将校园操场浇筑成水泥地面，修建篮球场、羽毛球场、乒乓球室，对校园进行绿化美化，修缮学员宿舍楼。是年，县委副书记、党校校长沈宛如率分管县长和建设、规划等部门主要领导赴长兴、常熟等地考察党校建设，研究党校迁址问题。

2006 年，县财政拨款 100 多万元用于学员宿舍楼、餐厅、会议室改建装修和教学楼办公条件的改善。

2008 年，投入 50 多万元改建装修第三会议室、学员讨论室和电子阅览室。全校拥有 3 个会议室、1 个学员讨论室、1 个电子阅览室、1 幢学员宿舍楼、1 个能容纳 180 人同时就餐的餐厅，基本满足中等规模的培训任务。

2006 年 11 月，县长王国忠（前左一）视察县委党校老校区

2011 年 7 月，西青岭第二隧道工程开工，接线工程再次穿过县委党校校区，拆除会堂、办公楼、食堂三座主要用房，共计占地面积 1217 平方米，只留学员宿舍和教工宿舍两座用房，共计占地面积 1880 平方米。

2012 年，对原校园进行整修，保证 200 人以下培训班次的接待能力，整理出 146 平方米的办公场所进行集中办公。县委党校迁建工程择址玉环经济开发区南区 BXE031－0603 地块，总用地面积 13965 平方米，总建筑面积 11708 平方米，留用地 13333 平方米，于 11 月 26 日动工兴建。

2014 年 10 月底，党校迁建主体工程交工验收，进入内部装修。

2015 年，县委党校迁建工程全面落成，整个工程累计总投入 6000 多万元。主体建筑由教学办公楼、生活楼 2 幢主楼和 1 个报告厅组成，其间中庭相连。教学办公楼有 50—130 座各类会议室 4 个、20 座研讨室 7 个，配置教师办公室、图书阅览室、文体活动室等若干。生活楼可容纳 300 人同时就餐，有标准房 48 个、单人房 18 个，床位 114 个。报告厅有 408 个座位。

图书室

2016 年 4 月，县委党校新校园全面投入使用。全面更换计算机、电话机、打印机等一系列办公设施，新增 LED 屏、音响影音设备等。坚持科学管理、精打细算、规范严格的原则，探索运行“自主经营管理＋菜单式服务外包”管理模式，将餐饮、室内外保洁、绿化养护、保安、水电维修等服务项目进行外包，同时对物业、会务、食宿等方面规定明确的对照标准，进行清单式和流程化管理，针对可能出现的停水、停电、盗窃、设备故障、食物中毒等突发事件制定应急响应预案，做到“服务专业化、养事不养人”。

读书角

2017 年，陆续启动新校园后期优化工程，分别斥资 25 万元实施校园绿化提升工程和校园亮化工程。加强教学综合楼配套设施建设，加速多媒体考试测评室、图书室和电子图书阅览室建设，开辟休闲书吧，提供各类报刊供学员浏览阅读，购置跑步机、动感单车、乒乓球桌等运动器材，完善活动室相关设施，加快运动场和相关配套工程建设，为学员全身心投入党校学习生活提供便利；开辟布置“健康小屋”，摆放身高体重测量仪、血压计、血糖仪、BMI 指数盘等，采用自助形式，为每一个受训学员提供简单的自我健康测试。强调协作互助，保障后勤服务。制定办班办会流程，明确各科室分工职责，确保在实际运营中各司其职、井井有条。尤其是加强教育科与综合服务科的沟通，确保培训前教室、食堂清扫干净，培训时就餐、饮水安排合理，培训后设备、桌椅及时归位。致力于打造“健康食堂”，遵照合理膳食结构的要求，严格按照“减盐、减糖、减油”的三减原则，提供三菜一汤的午餐，达到食

文体活动室

品卫生安全标准。

2018年,新采购图书1000多册,完成地下室水塔等基础设施维修,资产管理日渐规范,物资设备采购透明合规,固定资产登记及报废处置照章进行;实施垃圾分类;加强服务中心管理,服务流程更加优化,服务水平不断提升。

第二节 信息化工作

2003年,投入资金10多万元建立中央党校远程教学接收站。

2009年,建成一个拥有50台计算机的机房。

2010年,添置计算机、摄录工具等设备。

2011年,开发应用发展党员上机考试系统,被组织部门确定为全县党员发展程序的重要步骤。

2012年,建立由常务副校长任组长,各科室负责人为成员的信息化工作领导小组。信息化工作纳入党校事业"一盘棋"。租用网络安全保障系统,将多种功能集成于一台网络设备,通过一个管理中心进行控制,从整体上把握网络安全运行状态。在办公楼搬迁过程中,更新一批路由器、交换机等网络设备。通过玉环公文交换阅办系统,与其他单位开展资料共享,加强工作信息网络化交流,拓宽信息渠道。以QQ群为载体,为学员、教师之间的工作交流营建积极的氛围。通过网络平台积极捕捉信息,及时、准确、客观地反映党校发展中的新情况、新思路和新举措,圆满完成上级部门下达的信息任务。提前完成县委办信息考核,在浙江省宣传系统网络交流平台上传信息60多条。在台州市委党校信息化工作考核中,上报市情文章285篇,上报省委党校《党校信息化研究》资讯5篇,联合县委组织部制作教学资源片2个近300分钟,各类信息报送的实效和质量得到提升。

2013年,在接入浙江省宣传系统网络交流平台,开通县级机关公文阅办、廉政风险干预系统、机关党建在线管理和财政报账结算等系统的同时,采取工间培训和平时自学相结合的方式,组织开展了10多次网络管理员培训和20学时的教职工操作演练,及时掌握新添置信息化设备的应用技术。依托QQ群、公务微博等交流学习载体,注重部门间日常互动,整合数据、收集资料,网络信息处理和办公自动化能力和效率明显提高。畅通与上级党校的对接渠道,保持工作同步、信息同享。上报市情文章50多篇,上报省委党校《党校信息化研究》资讯4篇,制作传送教学资源片3个310分钟,圆满完成专项考核。强化新闻发言人和舆情引导员职责,确定网络安全人员、设备维护人员,推荐县管后备干部1人参加台州市网络评论员队伍。在有关平台上发布基层活动快递和舆情分析信息60多条。

2015 年，推出“玉环经济”“互联网+”等结合发展热点的主旨论坛，成熟运用现场教学、案例教学、互动体验等多种教学方式，重视网络信息技术与教学活动的融合，制作、报批并上传全省党校系统 5 部优秀教学资源片。

电脑室

2016 年迁址新校园后，致力于信息化建设，搭建教学、科研应用平台，建设电子图书馆，网络、影音等设施具备远程课堂、自主学习功能，为干部培训和生活提供坚强保障。推出“玉环手机党校”公众号，开设精彩专题、党建学习和党校动态等 3 个专栏，定期推送专题专栏，开发制作形象直观、丰富多样的学习资源，包括习近平总书记系列讲话精神解读、党章知识问答、专题片等。

2017 年，启用红色学府网，后台建立教师库和学员库，既让全体教职工和所有主体班次学员共享红色学府网资源，又实现教务管理智能化，方便受训学员在线查询培训课程、时间等。

2018 年，利用现代信息技术，建设玉环党校手机报，配合宣传部门做好“手机党课”，3 名教师被聘为专职讲师，长期开展线上政策宣讲，这一做法得到中宣部肯定并被推广。利用实践平台，为对口扶贫单位四川茂县和吉林辉南等地举办 3 期培训班，受训近 200 人。

附　　录

中国共产党党校(行政学院)工作条例

(2019 年 9 月 24 日中共中央政治局会议审议批准
2019 年 10 月 25 日中共中央发布)

第一章　总　　则

第一条　为了坚持和加强党对党校(行政学院)事业的领导,提高新时代党校(行政学院)工作科学化、制度化、规范化水平,根据《中国共产党章程》等党内法规和《中华人民共和国公务员法》等法律,制定本条例。

第二条　党校(行政学院)是党领导的培养党的领导干部的学校,是党委的重要部门,是培训党的各级领导干部的主渠道,是党的思想理论建设的重要阵地,是党和国家的哲学社会科学研究机构和重要智库。

第三条　党校(行政学院)工作必须高举中国特色社会主义伟大旗帜,坚持以马克思列宁主义、毛泽东思想、邓小平理论、“三个代表”重要思想、科学发展观、习近平新时代中国特色社会主义思想为指导,增强“四个意识”、坚定“四个自信”、做到“两个维护”,落实新时代党的建设总要求,紧紧围绕党和国家工作大局,以培养造就忠诚干净担当的高素质专业化干部队伍为主要目标,发挥干部培训、思想引领、理论建设、决策咨询作用,为新时代坚持和发展中国特色社会主义服务。

第四条　党校(行政学院)工作遵循以下原则:

(一)坚持党校姓党,把旗帜鲜明讲政治融入党校(行政学院)工作全过程和各方面,模范遵守党的政治纪律和政治规矩;

(二)坚持实事求是,注重理论联系实际,强化问题导向,做到学思用贯通、知信行统一;

（三）坚持质量立校，积极探索和遵循党校（行政学院）教育规律和干部成长规律，提高教学、科研、咨询和管理水平；

（四）坚持改革创新，不断完善体制机制，增强办学活力；

（五）坚持从严治校，大力弘扬学习之风、朴素之风、清朗之风。

第五条 党校（行政学院）的基本任务是：

（一）培训各级党政领导干部、公务员、国有企业领导人员、事业单位领导人员、年轻干部、理论宣传骨干、高层次人才、基层干部、党员，开展党校（行政学院）系统师资培训；

（二）加强马克思主义基本理论研究，重点研究宣传习近平新时代中国特色社会主义思想；

（三）承办党委和政府以及相关部门举办的专题研讨班；

（四）开展重大理论和现实问题研究，承担党委和政府决策咨询服务；

（五）以培养马克思主义理论人才为主要目标，在国家批准的学科和专业学位类别内开展学位研究生教育；

（六）开展同国（境）内外有关机构和组织的合作与交流；

（七）参与党委关于党校（行政学院）工作政策以及干部培训计划的制定工作；

（八）完成党委和政府交办的其他任务。

第六条 党校（行政学院）对学员的教育培训目标是：

（一）坚持对党忠诚，把握正确政治方向，增强“四个意识”、坚定“四个自信”、做到“两个维护”，自觉锻造过硬党性，在思想上政治上行动上同以习近平同志为核心的党中央保持高度一致；

（二）掌握马克思主义立场观点方法，学懂弄通做实习近平新时代中国特色社会主义思想，树立正确的世界观、人生观、价值观，不忘初心、牢记使命，做共产主义远大理想和中国特色社会主义共同理想的坚定信仰者和忠实实践者；

（三）坚持以人民为中心，增强立党为公、执政为民的意识，践行全心全意为人民服务的根本宗旨；

（四）敢于担当作为，勇于开拓创新，具有斗争精神，善于分析解决改革发展稳定中的重大问题；

（五）全面增强工作本领，具备胜任新时代中国特色社会主义事业发展要求的知识和能力；

（六）严守纪律规矩，知敬畏、存戒惧、守底线，坚决反对形式主义、官僚主义、享乐主义和奢靡之风，永葆清正廉洁的政治本色。

第二章　党校(行政学院)的设置和领导体制

第七条　党的中央委员会和地方各级委员会分别设立中央党校(国家行政学院)、省(自治区、直辖市)委党校(行政学院)、市(地、州、盟)委党校(行政学院)、县(市、区、旗)委党校(行政学院)。新疆生产建设兵团党委、各师(市)党委设立党校(行政学院)。有条件的乡镇(街道)党(工)委,可以设立党校。

第八条　各级党委是办党校(行政学院)、管党校(行政学院)、建党校(行政学院)的主体,党委书记是第一责任人。党委应当加强对党校(行政学院)工作的领导:

(一)把党校(行政学院)工作纳入党委整体工作部署,每年专题研究党校(行政学院)工作;

(二)制定党的各级领导干部参加党校(行政学院)培训的规划和政策,把干部的培训和使用结合起来,将干部培训考核情况作为干部任职、晋升、管理的重要参考;

(三)选优配强党校(行政学院)领导班子,把优秀干部充实到班子中来;

(四)建立健全党政领导干部到党校(行政学院)讲课、作报告和与学员座谈的制度,每年领导干部讲课总课时占各级党校(行政学院)主体班次总课时的比例不低于20%;

(五)加强党校(行政学院)基础设施建设、师资培养、经费保障、现场教学基地建设等,支持党校(行政学院)实施综合性的教学科研、决策咨询、管理服务创新;

(六)定期召开党校(行政学院)工作会议,交流经验,部署工作;

(七)将党校(行政学院)工作纳入党委党的建设工作年度目标考核,列入落实党建工作责任制情况述职内容。

第九条　党校(行政学院)实行校(院)务委员会〔以下简称校(院)委会〕领导体制。校(院)委会全面领导校(院)工作,委员由同级党委(政府)任命。校(院)委会工作由校长(院长)或者分管日常工作的副校长(副院长)主持。

第十条　党校(行政学院)校长(院长)一般由同级党委书记、副书记或者组织部部长兼任。分管日常工作的副校长(副院长)按照同级党委部门正职领导干部选配并作为同级党委成员提名人选。主管教学、科研的副校长(副院长)一般从教学科研队伍中选拔产生。

第十一条　上级党校(行政学院)应当加强对下级党校(行政学院)的业务指导:

(一)市(地)级以上党校(行政学院)牵头制定本行政区域内党校(行政学院)系统建设和发展规划;

(二)对下级党校(行政学院)贯彻执行党中央关于党校(行政学院)办学治校方针政策的情况进行调研检查,提出指导性意见;

（三）对下级党校（行政学院）教学、科研、智库建设、师资培训、服务保障等工作进行调研，提出改进意见和建议；

（四）制定科学的办学质量评估指标体系和办法，会同有关部门对下级党校（行政学院）工作进行评估；

（五）中央党校（国家行政学院）和省（自治区、直辖市）委党校（行政学院）对下级党校（行政学院）的教材编写、学科建设、科研课题立项等工作进行指导和协调。

第十二条　加强县级党校（行政学院）和基层党校建设。县级党校（行政学院）应当将党员集中培训作为重要任务。深化县级党校（行政学院）办学体制改革，推动实施县级党校（行政学院）分类建设计划。对办学困难的县级党校（行政学院）和基层党校应当给予政策支持。

第三章　班次和学制

第十三条　党校（行政学院）的班次主要包括进修班、培训班、理论研修班、专题研讨班和师资培训班等。

第十四条　各级党校（行政学院）根据干部培训计划举办进修班，完成党的各级领导干部的培训任务。进修班学制一般不少于1个月。

中央党校（国家行政学院）主要培训省部级领导干部、厅局级领导干部、中管企业负责人、党委书记和校长列入中央管理的高校负责人和县委书记。

省（自治区、直辖市）委党校（行政学院）主要培训厅局级领导干部、县处级领导干部、企事业单位领导人员和乡镇（街道）党（工）委书记。

市（地、州、盟）委党校（行政学院）主要培训县处级领导干部、企事业单位领导人员和乡科级领导干部。

县（市、区、旗）委党校（行政学院）主要培训乡科级领导干部、企事业单位领导人员、村（社区）党组织书记和基层党员。

第十五条　各级党校（行政学院）根据公务员主管部门、事业单位人事综合管理部门的培训规划和年度培训计划，举办相关培训。

第十六条　各级党校（行政学院）根据干部培训计划开设中青年干部培训班。

中央党校（国家行政学院）主要培训厅局级和部分县处级正职中青年干部。学制一般不少于4个月。

省（自治区、直辖市）委党校（行政学院）主要培训县处级和部分乡科级正职中青年干部。学制一般不少于3个月。

市（地、州、盟）委党校（行政学院）主要培训乡科级中青年干部。学制一般不少于2

个月。

县(市、区、旗)委党校(行政学院)主要培训基层中青年干部。学制一般不少于1个月。

第十七条 根据党委和政府的工作需要,在党校(行政学院)举办各类专题研讨班。学制一般不少于5天。

第十八条 中央党校(国家行政学院)和少数民族较多地区的省(自治区、直辖市)委党校(行政学院),可以开设相应的民族干部班次。

第十九条 中央党校(国家行政学院)和省(自治区、直辖市)委党校(行政学院)可以举办主要以从事理论工作的厅局级、县处级干部为对象的理论研修班和以党校(行政学院)教学科研和管理骨干为对象的师资培训班。

第二十条 中央党校(国家行政学院)和具备条件的省(自治区、直辖市)委党校(行政学院),依法取得硕士、博士学位授予权,并经国务院教育行政部门同意后,可以招收攻读硕士、博士学位的研究生,纳入国民教育体系管理。

第四章　教学工作

第二十一条 教学是党校(行政学院)的中心工作。教学布局应当坚持以学习习近平新时代中国特色社会主义思想为中心内容和首要任务,着眼于提高党的领导干部的政治觉悟、政治能力和执政本领,以掌握理论创新最新成果为重点夯实学员的理论基础,以坚定理想信念、增强宗旨观念和改进作风为重点加强学员的党性修养,以把握时代特征和国际经济政治形势为重点拓展学员的世界眼光,以强化全局观念和应对复杂局面为重点培养学员的战略思维。根据形势和任务的要求,不断充实和创新教学内容,优化党校(行政学院)教学布局,地方党校(行政学院)可以开设体现地方特色的教学课程。

第二十二条 党校(行政学院)教学应当突出党的理论教育和党性教育的主业主课地位。市(地)级以上党校(行政学院)教学安排中,党的理论教育和党性教育课程的比重不低于总课时的70%。各级党校(行政学院)的主体班次都应当设置党性教育课程,党性教育课程的比重不低于总课时的20%,强化党章党规党纪教育,1个月以上的班次应当安排学员进行党性分析。

第二十三条 党校(行政学院)教学应当不断提高学术水平和专业水平,增强针对性和实效性。

进修班的教学以引导学员运用所学理论研究重大现实问题、指导工作实践为主。

培训班的教学系统安排理论教育、党性教育、能力培养和相关知识的学习。

理论研修班的教学以引导学员系统学习研究党的基本理论、提高理论素养为主。

专题研讨班的教学主要围绕党中央的重大战略部署、地方党委和政府的重要工作确定相关专题，开展集中研讨。

师资培训班的教学以提高教学水平、学科水平和管理水平为主。

根据各级党校（行政学院）的任务分工，合理配置和有效利用全国党校（行政学院）系统的教学资源。

第二十四条　党校（行政学院）应当努力创新教学方式，大力推行研究式教学，综合运用讲授式和案例式、模拟式、体验式等互动式教学方法，加大案例教学力度，推动案例库建设。省级以上党校（行政学院）主体班次互动式教学课程比重不低于总课时的30%。加强在线学习平台建设，积极发展网络培训，推行线上线下相结合的混合教学模式。

第二十五条　党校（行政学院）应当加强教学的组织管理，建立健全规章制度，形成职责明确、分工协作的教学实施和运行机制，建立和完善学习考核体系和教学效果评估体系。

第二十六条　学科建设是加强党校（行政学院）教学科研工作、提升师资水平、提高教学质量的基本建设。党校（行政学院）学科建设应当重点建设以习近平新时代中国特色社会主义思想为主的马克思主义理论学科，加强党性教育学科建设，积极扶持教学急需且相对薄弱学科，逐步形成突出党校（行政学院）特色、满足干部培训需要的学科体系。

第二十七条　中央党校（国家行政学院）和省（自治区、直辖市）委党校（行政学院）应当制定学科建设规划。加强党校（行政学院）系统学科建设的协作，优化资源配置，推进学科建设。

第二十八条　教材建设是党校（行政学院）教学的基础工程。党校（行政学院）应当根据教学需要组织编写充分体现马克思主义中国化最新成果、具有党校（行政学院）特点的教学大纲和系列教材，建立与教学布局相适应的党校（行政学院）教材体系。

第五章　科研工作和决策咨询

第二十九条　科研工作是党校（行政学院）发展的基础支撑。科研工作应当密切关注国内外形势的发展变化，加强对重大理论和现实问题的研究，重点加强对习近平新时代中国特色社会主义思想的研究，为提高党校（行政学院）教学质量服务，为推进党的理论创新服务，为党委和政府决策服务。

第三十条　中央党校（国家行政学院）习近平新时代中国特色社会主义思想研究中心和中国特色社会主义理论体系研究中心，经批准设立的地方党校（行政学院）中国特色社会主义理论体系研究中心，应当在推进当代中国马克思主义、21世纪马克思主义的学习研究宣传贯彻中走在前列。

第三十一条 党校(行政学院)决策咨询工作,应当聚焦党和国家中心工作、党委和政府重大决策部署、社会热点难点问题进行深入研究,及时反映重要思想理论动态,提出有价值的对策建议,推动教学培训、科学研究与决策咨询相互促进、协同发展。

第三十二条 党校(行政学院)科研工作和决策咨询应当全面贯彻党的基本理论、基本路线、基本方略,坚持政治立场坚定性和科学探索创新性的有机统一,坚持百花齐放、百家争鸣方针,严明政治纪律,恪守学术道德,遵守学术规范。

第三十三条 党校(行政学院)应当创新科研服务和管理工作,建立健全符合党校(行政学院)特点的管理体制和激励机制,鼓励教职工、学员参与决策咨询工作,重视科研和决策咨询成果的考核和评价,推动决策咨询成果的转化应用。

第三十四条 党校(行政学院)科研工作和决策咨询工作应当面向社会,加强与实际工作部门和政策研究部门、高等学校、科研院所之间的合作和交流。

第三十五条 加强党校(行政学院)之间的科研和决策咨询建设协作,充分发挥党校(行政学院)系统的整体优势。各级党校(行政学院)应当制定科研规划,并认真组织实施。

第三十六条 党校(行政学院)出版机构及报刊等出版物、新媒体是宣传马克思主义中国化最新成果的重要阵地,应当坚持正确舆论导向,切实发挥思想引领作用,为教学科研服务,为党的思想理论建设服务。

第六章　开放办学

第三十七条 开放办学是提高党校(行政学院)办学水平的重要途径。积极扩大国内交流与合作,发展对外开放办学。对外开放办学应当服从服务于党和国家对外工作大局,增强国家安全意识,遵循以我为主、为我所用、互学互鉴原则。积极参与对外话语体系建设,注重用中国特色话语体系讲好中国故事。

第三十八条 以多种方式开展同国(境)外学术研究机构、智库、政党、政府机构、国际组织等的学术交流与合作,加强同发展中国家交流与合作,构建具有党校(行政学院)特色的学术理论传播和国际合作平台。

第三十九条 选派教学科研人员和管理人员赴国(境)外学习、讲学、开展学术交流与合作。邀请国(境)外学者和知名人士到党校(行政学院)访问、讲学、开展学术交流与合作。举办或者参加国际会议、论坛。

第四十条 开展国际合作培训工作,创新培训机制和方式,建立培训课程体系,提高培训质量。

第七章　学员管理

第四十一条　学员管理是实现党校（行政学院）培养目标的重要环节。按照加强领导、强化培训、严格管理、注重实效的要求，严格培训规定，健全管理制度，改进管理方式，提高管理效果。

第四十二条　学员管理包括党性教育、学习管理、组织管理和生活管理。党性教育应当贯穿学员管理全过程。学习管理应当加强导学、促学、督学，引导学员完成学习任务。组织管理应当完善并且严格学籍、考勤等制度，注重发挥学员临时党支部和班委会作用。生活管理应当严格校规校纪，开展健康文体活动。

第四十三条　党校（行政学院）各个班次设专职组织员或者班主任，负责学员管理工作。组织员或者班主任由相应级别的干部担任。

第四十四条　党校（行政学院）各个班次应当建立学员临时党支部，在校（院）委会领导下和学员管理部门指导下，组织学员开展政治学习，对学员进行教育、管理、监督和服务。

第四十五条　党校（行政学院）应当加强与党委组织部门、学员派出单位的协调配合，形成严格调训、严格管理、严格监督的制度和机制。

第四十六条　党校（行政学院）应当加强对学员培训情况的考核，全面考核评价学员的学习态度和表现、理论知识掌握程度、党性修养和作风养成情况以及解决实际问题的能力等。考核情况向党委组织部门反馈。

学员在校期间违反有关规定和纪律的，视情节轻重，给予批评教育直至纪律处分。

第四十七条　党校（行政学院）应当严格执行学员请销假制度。累计请假时间原则上不得超过总学习天数的1/7，超过的应予退学。

第四十八条　党校（行政学院）学业证书是学员在校学绩的凭证。学员按照教学计划要求完成学习任务、经考核合格的，取得党校（行政学院）学业证书。因故未按照规定参加党校（行政学院）培训或者未达到培训要求的，应当及时补训。补训合格的，取得党校（行政学院）学业证书。

第八章　人才队伍建设

第四十九条　人才队伍建设是党校（行政学院）事业发展的关键。应当根据教学科研、行政管理、后勤服务工作的需要，建立一支政治合格、素质优良、规模适当、结构合理、适应新时代干部教育培训要求的党校（行政学院）工作人员队伍。

第五十条　党校（行政学院）人才队伍建设的重点是教师队伍建设。制定和实施人才强校战略，实施“名师工程”，培养造就一批政治强、业务精、作风好的高素质教学科研人才。党校（行政学院）教学科研人员应当做到：

（一）具有共产主义远大理想和中国特色社会主义坚定信念，忠诚于马克思主义，热爱党校（行政学院）事业，严格遵守党的政治纪律和政治规矩，自觉在思想上政治上行动上同以习近平同志为核心的党中央保持高度一致；

（二）马克思主义理论功底扎实，熟悉党的路线方针政策，专业知识丰富，注重调查研究，勇于理论创新，具有较强的教学培训、科学研究、决策咨询能力；

（三）学风严谨，品德高尚，学为人师，行为世范，遵纪守规。

第五十一条　按照专职为主、专兼结合的原则，加强党校（行政学院）教学科研人才队伍建设。着力完善学习进修、交流锻炼等培养机制；营造在教学方式方法和理论研究上积极探索、大胆创新的良好环境；引进政治素质好的高水平专家学者和有志于党校（行政学院）事业的优秀干部等人才；选聘政治素质过硬、实践经验丰富、理论水平较高、善于课堂讲授的党政领导干部、企事业单位领导人员、先进典型人物、知名专家学者担任兼职教师，建立健全兼职教师管理制度。

第五十二条　逐步建立既区别于公务员又不同于普通事业单位，符合党校（行政学院）发展特点的教师管理体系。建立健全符合干部教育培训特点、具有党校（行政学院）特色的师资准入和退出机制、师资考核评价体系、职称评审和岗位聘用办法，有序推行教师竞聘上岗，形成有效的人才激励机制。党校（行政学院）教师纳入各级人才政策支持范畴，享受国家规定的同级国民教育教师有关的各种待遇。建立健全与教学科研、智库建设、管理服务等岗位职责目标相适应的党校（行政学院）工作人员绩效工资分配办法。

第五十三条　各级党委应当支持和帮助党校（行政学院）做好优秀干部、人才选调工作，建立党校（行政学院）干部内外交流制度。各级组织人事部门应当为党校（行政学院）输送和引进人才提供条件。

第九章　校风和学风建设

第五十四条　良好的校风和学风是党校（行政学院）事业健康发展的基本保证。坚持严以治校、严以治教、严以治学，不断健全各项管理制度，强化校规校纪，严格落实党中央关于党校（行政学院）办学治校的原则和要求，严格落实中央八项规定及其实施细则精神，严格落实意识形态工作责任制。

第五十五条　党校（行政学院）教师承担着教育培训执政骨干的重要责任，更应当坚持教育者首先受教育，严格要求自己，坚决维护以习近平同志为核心的党中央权威和集中统一领导，用实际行动影响和带动学员。党校（行政学院）应当严格教学、科研和管理纪律，对师德师风不良或者不适宜从事党校（行政学院）工作的，调整工作岗位或者调离党校（行政学院）。

第五十六条　弘扬理论联系实际的马克思主义学风，倡导崇尚学习、勤奋学习的风气。聚焦社会主义现代化建设和党的建设的重大理论和实践问题，鼓励教师与学员之间、学员相互之间切磋交流，实现教学相长、学学相长。

第十章　机关党的建设

第五十七条　党校（行政学院）建立机关基层党组织。机关基层党组织在上级机关工委和校（院）委会领导下，以党的政治建设为统领，全面提高机关党的建设质量，为党校（行政学院）事业发展提供坚强保证。

第五十八条　党校（行政学院）党的基层委员会和不设党的基层委员会的总支部委员会书记一般由本单位党员负责人兼任，也可以由同级党员干部专任。党支部书记一般由本单位主要负责人担任。党员人数和所属单位较多的机关党的基层委员会，设专职副书记。

第五十九条　校（院）委会应当认真履行全面从严治党主体责任，主要负责人是机关党建工作第一责任人，各级党组织书记是机关党建工作直接责任人，其他班子成员落实“一岗双责”，抓好职责范围内的党建工作。

第十一章　办学保障

第六十条　行政管理和后勤服务是党校（行政学院）各项工作运转的重要保障，应当按照管理科学化和服务规范化的要求进行改革，提高管理水平、服务质量和保障能力。

第六十一条　党校（行政学院）工作所需经费，列入各级财政预算。各级财政应当加大基层干部教育培训经费投入，中央财政应当加大对革命老区、民族地区、边疆地区、欠发达地区的转移支付力度，相关地区可以统筹中央补助和自有财力加大对党校（行政学院）的经费投入。

第六十二条　各级党委和政府应当重视党校（行政学院）基础设施建设。党校（行政学院）的教室、宿舍、食堂和图书馆等设施是干部教育培训必需的基础设施，相关经费由同级财政性资金等途径解决。

第六十三条　党校（行政学院）信息化建设是实现干部教育培训现代化的重要手段。各级党校（行政学院）应当充分发挥信息化在教学科研和日常管理中的重要作用，重视运用现代信息技术，积极推动干部教育培训和互联网融合发展，加快“智慧校园”建设。

第六十四条 党校(行政学院)应当重视图书馆(室)建设，加强图书文献、信息的采集、整理和开发，积极推进数字资源共建共享工作。

第六十五条 党校(行政学院)应当重视校(院)文化建设，开展形式多样、具有党校(行政学院)特色、突出党性教育主题的文化活动。

第十二章 执行与监督

第六十六条 各级党委和政府以及有关部门、各级党校(行政学院)、学员所在单位和学员本人，应当严格执行本条例，自觉接受党内监督、社会监督和群众监督。

第六十七条 各级党委应当对本条例执行情况进行监督检查。在党委统一部署和协调下，上级党校(行政学院)会同有关部门对下级党委以及党校(行政学院)的执行情况定期进行检查。对于违反本条例的地区、部门和单位，追究有关人员的责任。

第十三章 附 则

第六十八条 中央党校(国家行政学院)和地方党校(行政学院)设立的分校、副省级城市党委党校(行政学院)，按照本条例执行。党政部门、国有企业、高等学校、科研院所设立的党校，参照本条例执行。其他培训机构具有党校(行政学院)性质的，也可以参照本条例执行。

第六十九条 本条例由中央党校(国家行政学院)负责解释。

第七十条 本条例自2019年10月25日起施行。2008年9月3日中共中央印发的《中国共产党党校工作条例》同时废止。

以科学监管观推进坎门汽摩零部件产业发展①

陈时潘

一、坎门汽摩配行业发展概况

坎门办事处位于浙江省玉环县的东南端，占地24.17平方公里，海岸线长44公里，拥有大小港口12个，辖12个社区、6个村，常住人口10.2万人，曾连续两届名列浙江省

① 原载于《台州论坛》2005年第3期(总第75期)。

综合经济实力百强镇前茅，是首届中国乡镇投资环境100强。

坎门工业经济的主体是汽摩配行业。坎门汽摩配行业起步于20世纪70年代中期，经过20多年的发展，形成车型众多、品种齐全、敏捷生产、多元拓展的零部件制造群落，以其特有的体制先发优势和优越的加工协作环境，现已成为国内汽车、摩托车零部件行业中独具特色的制造基地之一。20世纪70年代末期，以中汽公司放开国内东欧车配开发为契机，坎门当地走出了一条“拆车仿件”的配件制造开发道路，拉开了坎门汽摩配行业的发展序幕，坎门汽摩配工业步入了发展时期。80年代中后期，伴随着股份经济改革的不断深入，民间资本开始大量注入汽摩配行业，产品开发日益丰富，一大批中小零部件企业涌现出来，坎门汽摩配生产基地因此初步成形。到了21世纪初，坎门的汽摩配行业无论从生产能力、产品品种，还是从管理与技术水平、技术创新能力上都取得了长足的发展。一批零部件制造的“小巨人”脱颖而出，零部件产品质量和技术水平有了很大的提高，通过引进、消化、吸收和创新，重点企业已形成了一定自主开发能力，基本具备了与整车同步发展的能力。

21世纪初，当地党委、政府采取政策扶持、趋向引导、诚信教育等措施，先后出台了“一厂一策”、新产品开发奖励和技改投入贴息政策等一系列激励政策，帮助企事业引进人才、导入科技、打造品牌、强化管理，倡导企业以诚信为本，取信用户，开拓国内外汽摩配市场销售渠道。这些举措极大提高了汽摩配企业自身素质，也促进了行业的进一步良性发展。坎门200多家产品无标企业进行产品采标，并申请注册了213个品牌商标，结束了当地汽摩配产品无标无牌的历史；汽摩配企业与国际接轨，共有150多家企业通过了ISO9000、QS9000、VDA6.1等质量体系认证，把住了汽摩配产品的质量关，也为企业进入全球市场获取了通行证；已有30多家汽摩配企业申请到自营进出口权，汽摩配出口产值成倍增长；汽摩配企业开发省级以上新产品100多项，共实施技改项目300多项，技改投入资金达10亿元，现有在建项目38个，已完成技改投入2.3亿元；近百家企业与高等院校、科研院所建立技术协作关系，建立了“车用橡胶”“装载技术”等汽摩重点零部件研发中心；销售收入500万元以上的汽摩配企业全部建立了网络信息平，重点企业开始实施ERP项目；组织了100多家汽摩配企业到武汉、西安等地人才市场招聘技术人才，引进中级以上人才160多人。

坎门汽摩配行业从单一的小配件发展到现在拥有数十个车型，涵盖底盘、发动机、转向等系列2000多品种的国内独具特色的产业基地，不仅为全国大中型汽车制造厂家进行配套，还与数十家国外汽摩配大公司定点联合，可谓“哪里有汽车，哪里就有坎门汽配”。

二、坎门汽摩配产业的发展与监管历史

汽摩配，即汽车、摩托车的零部件及附属产品（内饰件）的简称，不包括轮胎、玻璃、轴

承等产品。玉环县的汽摩配产业起步于20世纪70年代末期，主要分布在该县坎门、城关、陈屿三地，其中尤以坎门最为集中。在二十余年的发展历程中，经历过无序扩张的迷惑、治理整顿的疼痛后，迎来了全面、高速提升发展的新春天。

在改革开放初期，在全国“先放开后治理”“先上车再买票”的大背景下，设备简单、技术含量低、以家庭作坊型生产为主的汽摩配加工业在坎门得到了迅速发展，产品种类日渐增多，产量大幅猛增，很快凭借其价格低廉的优势迅速占领了全国大部分的汽车摩托车维修市场，带动了一部分人脱贫致富，实现了资本的原始积累。但进入90年代后，市场对汽摩配产品的档次和质量要求越来越高，一部分企业和经营户受短期利益的驱使，大肆假冒厂名、厂址，伪造产地，商标侵权，一发而不可收。致使原本讲究质量、品牌的企业因生产成本较高，反而处于竞争劣势，也开始被迫接受一些“冒牌订单”，从而导致了区域性、产业性假冒伪劣现象的产生和蔓延，扰乱了产业的经营秩序，最终影响了汽摩配产业的发展和区域品牌的形象。玉环汽摩配产业存在的问题引起了上级有关部门的高度关注，甚至一度被国务院判入九类重点整治产品的第五位，定为区域性造假基地。2001年，省工商局、台州市工商局更是把玉环汽摩配产业列入了整顿大会战“黑名单”。作为当地市场监管和行政执法的政府职能部门，当地工商所根据省局“打击、教育、规范、扶持”的八字方针，按照“建设信用玉环、创建信用市场”的总体要求，以经济户口为信托，以责任区管理为抓手，以整顿促规范，以监管促发展，广泛发动，全力以赴，连续数年对坎门汽摩配产业进行整治：

（一）突出专项行动，堵截制假源头

在监管工作中，集中打击往往能产生强烈的社会反响，给不法分子以极大的震慑。鉴于汽摩配产业制售假冒伪劣行为的严峻现实，结合省局提出的“反仿冒”“反侵权”“反误导”专项执法精神，当地工商所深入基层调查摸底，抓住问题症结，积极向当地党委政府和省局、台州市局专题汇报，争取支持，并成立了汽摩配产业专项整治领导小组，先后两次在坎门召开专项整治动员大会，广泛宣传，大造形势，以查大要案、捣窝点为突破口，严厉打击汽摩配产业的假冒现象，有效净化了市场环境。

（二）统筹监管理念，注重教育引导

紧紧围绕“发展—监管—发展”的理念，做到“宽严相济，恩威并用”。继推出“首次不罚”后，又推出了“惠民措施—约法三章”，体现了依法监管与依德监管、行政监督与行政指导职能的有机结合。以坎门汽摩配和被处罚企业负责人为重点，举办了10多次法规培训班，并抽调业务骨干入驻被处罚企业，规范管理，建规立制，做到“打扶结合”。

（三）培育信用资源，规范企业行为

打造诚信社会，建立信用经济是社会主义市场经济发展的必由之路，所以对企业实施信用监管，培育企业和广大经营户信用资源，是从根本上解决玉环汽摩配产业“低、小、散、假”问题、推动企业发展新高潮的有效途径。近年来，当地工商所积极响应省局“百万企业信用工程”，以信息化建设为契机，以经济户口为载体，以信用评价为杠杆，积极推进汽摩配产业分级监管。实行电脑派单，定期巡查，即时、全面掌握辖区企业和经营户的各种动态信息，坚决不让假冒伪劣汽摩配产品在市场内抬头，实现了“从小治到大治，从原则规范到具体规范，从事后严打到事先严防综治”的整治目标。

（四）扶持企业发展，致力产业提升

制订了把汽摩配产业培育成坎门第一大支柱产业的专题调研报告，明确了产业发展的方向和目标，引起了当地党委政府的高度重视。与龙头企业建立挂钩帮扶制度、定期走访制度和联手打假制度，成立汽摩配产业商标战略课题组，加强培训，提前介入，努力为企业创牌扫清障碍。努力帮助汽摩配企业挂省牌、参评省知名商号，帮助企业做大做强。

“不经历风雨，怎么见彩虹？”通过扶植主力企业，排除假冒阻力，理顺产业秩序，连续三年的大整治非但没有“打倒”坎门的汽摩配产业，反而使之呈现出整体提升、高速发展的良好态势：

（一）产业结构合理提升，企业规模不断扩大

目前在坎门汽摩配产业结构中，汽配约占 65%，摩配约占 35%；整车配套产品约占 25%，市场维修产品约占 70%，出口产品约占 5%。已经形成了万向节、减振器、曲轴、摇臂、水泵、刹车片、离合器、转向器、汽车电机、单向器等 3000 多个产品系列。产业链的日趋完善带动了企业规模的扩大。2003 年，坎门汽摩配产业产值 5000 万元企业 3 家，上规模企业（年销售额 500 万元以上）97 家（因维护市场销售企业产值统计不足，实际数值更多），2004 年产业总产值达 78.15 亿元，同比增长 17.45%，2005 年 1—5 月份产业总产值 26.16 亿元，同比增长 17.32%，约占全国汽摩配总产值的 1/7。

（二）全面提高产品质量，外向扩张初见成效

通过积极引进人才，加大科研力度，优化技术结构，完成了从以中低档劳动密集型产品为主逐步向高新技术的延伸，提高了企业的核心竞争力。骆氏企业等一批企业率先通过了 ISO9000、QS9000、VDA6.1 等质量保证体系认证，共有 39 个汽摩零部件产品分别获得国家级和省级新产品称号。拥有台州市知名商标 5 只。积极实施“走出去”战略，实现了从国内市场到国外市场的扩展。2004 年坎门汽摩零部件产品出口总额 5.17 亿元，同比增长 79.05%，2005 年 1—5 月份出口总额 2.49 亿元，同比增长 105.58%。

三、新形势凸现显实施科学监管的必要性与紧迫性

科学发展的实质，是要实现经济社会更快更好的发展。科学发展观指导下的科学监管观就是要坚持以人为本，讲究效能，着力治本，预防为主，切实维护人民群众生命财产安全；崇尚秩序优先，促进各类市场主体有序科学发展。

从当前国际形势来看，经济全球化和贸易投资自由化的加速发展，使得全球汽摩零部件产业更加紧密地联系在一起，产业分工体系更细，范围更广，程度更深，跨国汽车集团之间的强强联合与大范围的重组极大地改变了全球汽摩零部件产业的竞争格局；从现阶段国内形势看，持续高速增长的中国经济和居民生活水平的不断提升，中国正在进入汽车大规模消费和大规模生产的起步阶段，加入WTO更为坎门汽摩零部件产业与全球汽摩零部件产业的进一步融合与互动提供了良好的贸易与投资条件。

面对严峻的竞争挑战和难得的发展机遇，坎门汽摩零部件产业要想抢抓机遇、加快发展，就需要支持和鼓励一批优强企业、优势产品，利用高新技术，提高开发能力和制造水平，加快结构调整，形成经济规模，以推动汽摩零部件产业结构优化和产业升级，增强竞争实力，实现与整车同步发展，参与国际分工的目标。

四、以科学监管观推进坎门汽摩零部件产业发展

依照科学发展观指导下的科学监管观，针对坎门汽摩零部件产业的实际，更好地推动这一地方支柱产业的健康有序发展，需从以下几方面着手加强：

（一）明确产业发展方向，加大政策导向

工商部门更要坚持以有利于发展为己任，做推动经济发展的排头兵。建议县政府要根据国家汽摩零部件产业“全面推进、重点突破、实现同步发展，参与国际分工”的战略方针以及国内外市场发展趋势，尽快编制玉环汽摩零部件产业发展规划，明确政策扶持重点，加大政策导向力度，促进产业健康快速发展，把玉环建成国内汽摩零部件产业中心区域之一。在产业政策扶持方面：一是抓紧制定企业联合重组的政策措施，鼓励、引导汽摩零部件企业参与联合重组，使其在资产重组中做大做强，实现跨越式发展。二是鼓励技术创新，对新产品开发、组建技术中心、检测中心等给予扶持。三是实施品牌战略，对于汽摩零部件企业创立品牌要积极引导和奖励；组织汽摩零部件企业参加全国性展销会和到国外参展，并给予一定的费用补贴。

（二）建立科学的监管体系

实施科学监管，就要对市场行为、市场信息进行搜集、整理和分析，掌握其动向和规律，在事先或萌芽状态就能有所预见和发现，并进行预警和防范，这样才能做到监管前移，举报先知。坎门汽摩零部件监管体系将主要由举报预警防范制度、企业信用管理制度和经营风险制度三部分构成：

1.举报预警防范制度

举报预警防范是指向工商行政管理机关内部发出提示的预警。建立健全假冒伪劣汽摩零部件举报投诉系统，建立举报奖励基金，奖励和保护举报人。纳入预警名录的汽摩零部件企业主要包括：涉嫌违法被举报的、已立案查处尚未结案的、两次以上拒不接受监督管理或查无下落的、涉及大要案需冻结协查的、限期办理注销或变更逾期未办理、逾期提交年检材料的、登记注册后需补交材料的、被其他执法部门查处尚未结案要求登记机关予以协助的、设立企业时以非货币资金出资逾期未办理过户手续的、因特定需要提示企业办理登记或年检手续时应补办相关手续等情况。

2.大力推进和不断完善企业信用分类监管制度

建立守信激励机制和失信惩戒机制，明确奖惩措施。以企业登记和监管信息为基础，根据企业信用标准，将企业相应地分为A、B、C、D四个管理类别。A级为守信企业，用绿牌表示；B级为警示企业，用蓝牌表示；C级为失信企业，用黄牌表示；D级为严重失信企业，用黑牌表示。根据上述分类，建立相应的管理机制，依法实施分类监管。一是建立企业信用激励机制。对A级企业，重点予以扶持，并享受年检免审、免于日常检查、提供优质服务等待遇。二是建立企业信用预警机制。对B级企业，实行警示制度，在日常工作中予以提示。三是建立企业失信惩戒机制。对C级企业，作为重点监控对象，加强日常检查，并实施案后回查、办理登记和年检时重点审查等监管措施。四是建立企业严重失信淘汰机制。对D级企业，依法办理注销登记或发布吊销公告。实施企业信用分类监管，要坚持公开、透明的原则，健全相应的监督措施，切实防止利用企业信用分类监管谋取不正当利益。

3.经营风险警示制度

经营风险警示是发挥工商行政信息管理优势，将涉及风险管理的事项予以公示，以便相关经营者尤其是省外境外客商通过信息查询及时了解该企业的经营状况，减少交易风险，实现扶优汰劣；从而充分发挥商标、广告、合同管理的职能作用，帮助企业增强品牌、宣传和契约意识。纳入汽摩零部件企业风险警示的生产经营状况主要有：企业已进入破产和清算程序；在年度检验中发现连续两年亏损；审计或年度财务报表显示企业已资不抵债；企业负债率达到80%以上。纳入汽摩零部件企业风险警示的经营行为主要有：在日常监管中查无下落；企业设立6个月仍未开展经营活动；企业自行停业6个月以上；连续两次检查发现在正常工作日内无人上班；已被注销或吊销营业执照；假冒商标被查处的；发布虚假广告造成重大影响的；违反合同约定给他人造成重大损失的。披露方式分为公示和开放查询两类。公示的做法是将良好信誉企业和严重失信违法企业信息，通过网站、公告栏、新闻媒介等途径向社会发布。开放查询的做法是相关企业可以通过登录工商网站、电话咨询等方式查询某特定企业的信用情况。

（三）提高监管效能

要实现坎门汽摩零部件产业的有序发展，就要求在不增加企业负担的前提下，用有限的投入获取最大的监管效果；就要充分整合工商资源，最大程度地动员行政、社会力量，实现汽摩零部件产业全方位监管；就要提高执法人员素质，透明执法、依法行政。

1.健全监管数据库

要实现汽摩零部件产业的动态的全过程监管，就要建立监管数据库，把企业运行过程的信息及时地予以录入，依据这些情报作出正确的判断，采取相应的措施。监管数据库主要涵盖汽摩零部件企业的四方面信息：一是案情通报、群众举报和新闻单位等反馈的信息；二是工商机关市场监管中形成的基本信息，主要包括企业注册、年检、财产抵押、合同履行、商标信誉、失信警示、违法行为等信息；三是质监、劳动等部门及金融机构掌握的涉及企业经营的信息；四是企业自愿提供的信息，主要是企业获取和各种资质、认证、荣誉称号及经营信息、产品信息等。

2. 加强与其他执法部门、社会力量的协作

利用兄弟部门的执法力量、专业知识、检测手段及检测结果，实现信息互通共享、连线作业，发挥行政管理部门的整体优势，加大对汽摩零部件的监管力度。督促企业建立健全内部管理制度，尤其是一些商标印制企业、印刷行业、定牌加工企业的台账必须健全。引导企业切实贯彻质量标准认证，充分发挥县电视台新闻曝光的软性约束作用，县汽摩配协会等社会团体的组织作用，形成以主动设防、新闻都督、行业自律为主要内容的社会监督体系。

3. 加强队伍建设

随着坎门汽摩零部件产业迅速融入国际产业链，要求坎门工商监管干部必须从以前监管当地生产制造企业的“小筐”中跳出来，参与监管国际流通大市场。业务培训十分必要，应当紧密联系实际，创新培训的方式、方法，通过以会代训、短期培训、参与办案培训和知识讲座培训等形式，把学习和应用结合起来，做到有的放矢。同时，通过开展“六查六清六破六立”活动，树立奉公、有为、仁爱、高尚的监管观。

4. 配备现代化的后勤保障

要突出转向器、刹车片等关系安全的重点产品，依托检测中心，完善产品质量检测体系，扎实开展产品质量抽检工作。除了必要交通和通信工具，还需配备先进的监管办公设施，如电脑、网络、数码相机和扫描仪等设备。以此方能及时、有效地依照法定程序处理突发事件，记录、更新和共享资料信息，从而提高办事效率。

加强市场监督工作，整顿和规范市场经济秩序是一项长期的艰巨任务。随着坎门汽摩配产业群的发展和产业链向上下游的进一步延伸，汽摩配产业的市场形态和营销方式也将发生改变，但工商行政管理机关维护良好市场交易环境的宗旨没有变，这要求工商行政部门与时俱进，不断根据新情况、新形势、新问题的变化，努力创新变革监管手段，不辱使命，不负重任，真正做到为地方经济保驾护航。

复合联动：五水共治的机制创新与路径完善[①]

——缘于Y市的实证研究

林婷婷　陈　君

一、序言

“五水共治”是一项动态开放、惠及民生的系统工程，也是一项长期的战略任务。随着产业转型升级的现实需求和美丽浙江建设的社会诉求日趋强烈，有效推进五水共治工作成为摆在当前政府面前的重大现实课题。五水共治涉及社会政治经济生活的方方面面，若单纯由权力集中的政府一方推动，极易陷入传统公共行政效率低下、成本过高、能力不足的尴尬境地，出现“行政失效”和“政府失灵”的可能危机；也极易因推进中的矛盾冲突解决不良，使政府与社会公民关系出现负面的变化。为应对这一问题，需要创新五水共治的治理结构，拓宽其社会资本网络，获得社会生态环境支撑，增进五水共治的社会资本存量，进而提升治理效能。其中，多中心复合联动机制是五水共治治理结构的重大创新，它从根本上倡导多元化的参与主体，实现多方复合联动治理，给予现代社会治理价值导向的积极回应；也有利于在潜移默化中培育参与者的环保意识、参与治理意识，乃至公民在社会亟须的主体意识。同时党的十八届三中全会也明确提出，创新社会治理机制，激发社会组织活力，提升社会治理水平[②]。因此，政府应该重新定位自身角色，让渡更大的治理空间和行政权力给社会治理权力主体，使政府的行政权力与社会组织的自治权力趋于平衡，在“复合联动”中实现“协同治理”，最终实现“常态化治理”，并主动适应经济发展新常态。可以说当前社会治理亟待突破的现实课题都在这一过程中得到了有益的尝试与践行。

本文考察的Y市是全国14个海岛县中唯一的县级市，地处浙江省东南沿海，是民营经济较发达的县域城市之一。随着市场经济的不断深入，Y市的民营经济得到了快速的发展，成为Y市经济增长的重要支柱之一，形成了汽摩配、水暖阀门、家具、眼镜配件、金属制品、医药包装等特色产业集群[③]。Y市发展前期造成了自然环境受到严重破坏，空气质量、淡水、植被等人居环境急剧恶化；工业污水违规排放问题突出，水环境污染严重，使水资源原本匮乏的Y市遭遇了发展的瓶颈，绝大部分人口遭受缺水之痛，工农业生产也

① 原载于《榴岛论坛》2015年第3期(总第16期)。

② 十八届四中全会全文公报。

③ 2015年Y市情概要。

受到严重损失，水的紧缺问题已达到空前的尖锐。因此，创新Y市五水共治的工作模式，探索破解Y市社会经济持续发展的瓶颈之道，是新常态下政府亟待解决的重大课题。结合Y市的海岛地区水资源特点、地理条件和产业结构的特殊性等因素，选取Y市为实证研究的样本极具实践研究价值和代表性。

二、理论背景

（一）多中心治理理论

多中心治理理论是当今西方学术界最流行的理论之一。“多中心”治理是“多中心”与“治理”两者的有效结合。“治理”是20世纪80年代西方国家面对传统社会管理的“政府失灵”和“合约失效”的危机及社会失序的问题而产生的治理方式变革。[①] 其目的在于通过政府组织、非政府组织及社会公众等行动主体组织化合作动员，获取政府让渡的公共治理的权力，协同参与社会公共事务的治理，实现自发秩序的生成与社会公共利益的最大化，创建一个以公民为中心的复合治理结构的复兴实验过程。迈克尔·波兰尼在《自由的逻辑》中最早区分了“一元的秩序”与“多中心的秩序”这两种组织社会任务的秩序，“多中心治理”的核心概念正是来源于此。奥斯特罗姆于20世纪70年代末在迈克尔·波兰尼“多中心”概念的基础上发展并完善了多中心治理理论，在公共事务治理中引入了自主参与的“第三部门”，打破了以往学界在解决公共事务治理之道的常规思维，实现多元主体参与治理的可能。之后，多中心治理理论逐渐发展成为公共物品生产与公共事务的治理模式之一。多中心治理理论认为，政府不是管理现代公共事务的唯一的一个公共权力中心，还需要诸多相互依存的社会性组织参与社会事务的管理与调节；现代公共事务的治理应该是多元主体上下互动、纵横交错的治理过程，而非仅仅运用政府的政治权威对社会公共事务的单一向度的治理，应该借助多元化的权力和政府来解决不同范围的公共治理问题，从而达到治理的最佳状态。[②] 这种“权力分散、管理复合联动和市场社会多元共治”的多中心治理理论，成为满足民众多元需求、提高效率和降低成本的理想模式。该理论一定程度上丰富了公共管理理论，成为解读公共治理问题的重要的理论框架。可以说，多中心治理理论为本研究提供了解读五水共治模式的思维方式和理论框架。

有关多中心治理理论的研究，学术界各有侧重。王兴伦（2005）较早关注多中心治理理论，梳理国外学者对多中心治理理论的解释并改造加工，指出多中心是指多个权力中心和组织机制治理公共事务。陈艳敏（2007）认为，多中心治理理论是公共事务自主治理的制度理论，其核心内容是自主治理和自主组织，其中心问题相互依存的行动主体组织

---

① 博克斯.公民治理：引领21世纪的美国社区[M].北京：中国人民大学出版社，2005(10).

② 陶建钟.复合治理下的国家主导与社会自主——社会管理及其制度创新[J].浙江学刊，2014(1).

化动员合作，实现自主治理，取得共同利益的实现。[①] 张振华(2011)、苟欢(2012)、邓悦(2013)等学者从多中心治理视野研究公共产品供给模式，探讨了公共服务(产品)的多中心供给实施机制。李金龙(2008)、应珊艳(2008)、纪泽民(2014)等学者则运用多中心治理理论研究公共事务治理。其中李金龙分析了多中心治理视角下的长株潭区域合作治理状况，提出多元的治理主体、多维的权力向度、混合的治理机制及多中心的制度设计是长株潭区域合作治理的创新手段[②]。纪泽民以天津生态城为例，探索了生态城市多元共治建设的治理模式，指出政府、社会组织和市场三协同合作是建设生态城市的有力路径。应珊艳(2008)提出，在农村基础设施建设和提供过程中，建立互动的多中心治理模式，政府、市场和社会复合，解决农村基础设施问题。这些研究对本研究的思路构建和理论阐述起到了一定的指导作用。

(二)五水共治

五水共治是我省全面深化改革、倒逼产业转型升级、建设美丽浙江的战略举措，也是有效推进我市"海湾城市"建设和"湾区经济"发展的重要抓手。鉴于五水共治是浙江省政府近期推出的大政方针，省外学者鲜有涉及此问题的研究，部分省内学者从不同的角度开展了研究，尤其是从本土化视角讨论五水共治的模式、机制引导及路径方式的研究，取得了创见性的成果。主要有：(1)许光(2014)等学者侧重实证研究，评价现行的治理模式并提出完善治理的路径选择。许光在对浦江县"五水共治"进行实证调研的基础上，梳理和总结了浦江水晶行业整治提升的主要举措及成效，并从产业转型升级的视角探讨了五水共治的创新路径。(2)蔡建旺(2014)重点探索社会组织如何参与"五水共治"问题，并从建立枢纽型社会组织、建立"五水共治"民间基金会、加大政府购买社会组织参与"五水共治"力度、支持水环境社会组织实体化运作、整合社区社会组织资源、建立五水共治公益创投项目库等方面完善治理模式。[③] (3)李涛(2017)、沈国琪(2016)等学者从理论角度对五水共治的文化内涵和战略意义进行阐释，认为五水共治为和谐水文化的构建奠定了坚实基础。

目前学界对五水共治的整体研究取得了阶段性的成果；但过多地停留在五水共治模式的梳理与总结，缺少有效的理论分析和实证研究。为此，本文拟以Y市为个案，从多中心治理理论角度实证分析Y市五水共治创新机制的运行机制，进一步探讨五水共治"多中心"复合联动治理的创新机制和完善路径，为其他地区五水共治工作提供些许思考和借鉴。

---

① 陈艳敏.多中心治理理论：一种公共事物自主治理的制度理论[J].新疆社科论坛，2007(3).

② 李金龙.多中心治理视角下的长株潭区域合作治理[J].经济地理，2008(3).

③ http://www.participation.cn/liluntantao/baogao/18684.html.

三、复合联动的秩序生成：Y 市五水共治的运行机制

Y 市积极探索五水共治创新模式，着力破解传统公共行政效率的低能化、公众参与动力的孱弱化的困境，形成“政府主导、社会自主”的多方复合联动治理模式。2014 年“五水共治”工作开展以来，Y 市坚持治污先行、拆改开路，不断深化河长制，实施“清三河”和剿灭劣五类水行动；全面加大水污染防治宣传和水环境保护、整治力度，加快防洪排涝和城乡供水等基础设施建设速度，深化节水型社会建设，倒逼转型发展，开创了五水共治工作新局面，受到社会公众的认同和省市领导批示肯定：一是水环境面貌和水处理能力明显改善。2014 年来，全市歼灭垃圾河 203 条 263.7 公里，整治提升黑臭河 43 条 65.83 公里，地表水高锰酸盐指数、氨氮、总磷等指标大幅削减 30％以上，河道重金属超标现象全面消除，重点饮用水源水质达标率 100％。消除 7 个市控以上劣五类断面，新增一个地表水环境功能区，全市水质Ⅳ以上的河道由原先的个位数增加到近 100 条。同时新建成污水管网 140 公里、污水提升泵站 9 个，新建成坎门工业废水预处理厂和大麦屿污水处理厂，基本完成城市生活污水处理中心提标改造工程，全市日均处理污水能力由不足 4 万吨提升为近 8 万吨，城市防洪排涝能力显著增强，基本未出现以往常见的暴雨后城市道路多日积水现象，安全供水也得到了有力保障。二是产业转型升级明显加速。先后淘汰了落后产能企业、“低小散”块状企业等 1200 多家，新发展了太阳能光伏、节能环保、工业废水处理、互联家居等一批新兴产业，两家工业高新技术企业在新三板上市；全市地方财政收入首次在财政总收入中占比过半。三是治水“Y 市模式”明显突出。加强水系联通，建成玉环湖向玉坎河、龙王河、南门河等生态补水管网，推行河道多样化生态修复，开启了生态治水新篇章；加强节水型企业、机关、小区创建和节水技术推广，80％中水回用排放作为生态用水，工业用水重复利用率由 40％提高到 55.2％，荣获全国节水型社会创建示范县市区；加强沿河违建拆改，获评全省“涉水无违建县（市、区）”创建工作先进单位；率先完成农村生活污水治理设施全覆盖，推行专业化运行维护，获评全省农村生活污水治理工作优胜县（市、区）等。2016 年 12 月 28 日，新华网首次在头条号以“治水成效且问鱼”为题报道 Y 市玉环湖治理的成效。四是治水生态红利明显凸现。漩门湾湿地跻身国家湿地公园和“中国生态保护最佳湿地”、浙江省最美湿地，海山乡红树林湿地和披山海洋保护区被列为省重要湿地，6032 亩二等地力农田提升至一等田。总投资 50 亿元的晶科能源项目等一批“玉商”回归项目顺利签约。2017 年 1—6 月，Y 市“五水共治”工作考核名列台州第一。五是各级干部担当意识明显增强。市领导示范担当，推动河长责任落实；各部门、乡镇街道百名领导干部公开承诺，比拼争先，推进“四大战役”和治水项目落实；村级干部主动履职，加快小微水体剿劣。全市涌现了以乡镇治水分管领导张维彪、街道治水一线干部高雪、村级“零距离河长”姚宗辉为代表的一支“治水铁军”。六是群众获得感和满意度明显提升。Y 市通过沿河拆违改造，打造了大麦屿庆澜塘河、

清港同善塘河、楚门直塘河等一批休闲景观河道，改善了群众的生活居住环境；清港芳斗村、玉城江岩村等还顺势发展了国家垂钓基地、海岛休闲观光渔业等，为群众带来了实实在在的利益。近4年，Y市群众对治水的满意度从60%左右不断提升到76%，在全省满意度测评的位次提升了20多位，群众对治水的支持度始终保持在96%以上。

Y市五水共治运行机制的成功，从本质上看在于其本身就是一个多中心治理的和谐产物。政府部门、村居、民间组织、社会群众、企业商家等多元主体共同参与到政策规制、宣传动员、互动反馈、奖惩落实等多个环节，通过信息收集、情况调查、政策发布、听证会、网络检举、媒体报道、公益广告、模范评选、公开奖惩等多种渠道实现了运行与参与中的相互监督、多元联动、沟通顺畅、信息透明。这一机制打破了单一的权力集中与固定式分配走向，行政治理权力社会化，扩充了参与主体的范围，使治理的不同主体间建构合作关系，并通过环环相扣的工作步骤，形成不同于原有的“中心—边缘”的治理结构，释放了治理主体的活力，规范了行政权力的运行（图1）。

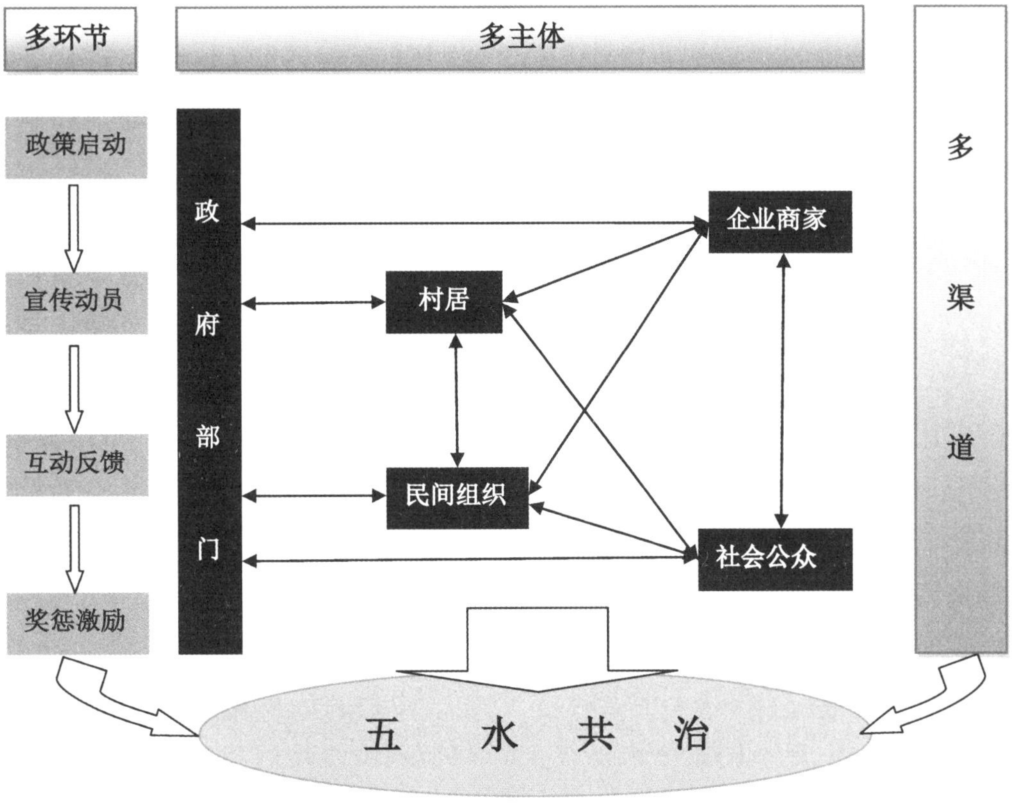

图1　Y市五水共治多中心复合联动的运行机制

（一）多主体参与。多方参与主体的有效进驻，能固化多中心治理的各项优势，增强力量间的协调整合，强化规则之下的调适性互助协作，从而推进五水共治工作的有序化发展。Y市通过组建多方复合联动参与机制，政府部门、村居、企业商家、民间组织及社会公众等行动主体组织合作化动员参与，形成上下互动、纵横交错治理网络。特别是社会民间组织、社会公众等利益相关者的直接参与监督，较好地将五水共治的治理秩序、资源进行整合，实现政府的外在秩序与社会个体的自发秩序的生成及外在控制和内在控制的合力，共同构成社会秩序的生产者和社会服务的供应者[①]。社会治理权力主体自主进入五水共治的场域，重构个体的现代公共价值和认同自我公共责任、身份，时刻注重保持自身优势，提高部门竞争力，强化监督机制，实现多方参与协同治水，有效推进五水共治健康持续运行。一是政府部门联动推进。全面深化实施"河长制"，市四套班子领导担任"总河长"，乡镇级和村级河道按照属地管理的原则，建立和完善"河长—河道警长—河道纪检员—河道督查员—河道环保卫士—环保技术指导员"联动治水机制，包干到人。近3年来，Y市深入推进"五水共治"，完成300多个治水项目，累计投资23.1亿元，2017年计划投入306483万元用于五水共治项目(见表1)。多部门联合开展专项整治，拆除非法畜禽养殖场307家，清理存栏生猪4万余头；完成畜禽养殖场污染治理达标验收51家；实现养殖业转型升级2家；建立"肥药双控"示范方10个，规模化畜禽养殖场排泄物综合利用达96%，农作物秸秆综合利用率达88%、农村清洁能源利用率达77%。制定金属表面处理行业整治29条标准并完成整治82家；开展眼镜滚光废水行业整治，完成20家企业滚光废水第三方统一处理；实施城区主街道小餐饮、洗车、沐浴、美容美发、洗涤、旅馆等"六小"行业整治，已完成隔油池建设和污水达标排放整治2461家。市检察院与治水办建立协作机制，随时针对剿劣工作中干部不作为问题进行调查；市治水办牵头建立公检法、环保等10多个部门联动的治水综合执法队，开展常态化巡查执法，服务和保障"五水共治"专项行动，仅今年上半年就出动8560人次，开展了一系列夜间、节假日突击抽查。充分发挥人大的民主监督和政协的建言献策功能。开展助推"五水共治"专项民主监督活动，围绕"五水共治"工作，协商提出全民治水、依法治水等意见建议。坚持委派民主监督员工作和专项民主监督活动相结合，全面开展助推"五水共治"专项民主监督活动，向乡镇(街道)派驻民主监督小组，全员参与"五水共治"，开展"五水共治"视察监督活动近300次，谏诤言200多条，汇编《关于全市"五水共治"工作的建议》。[②] 二是社会组织协同治理。Y市社会民间组织积极助力"五水共治"活动，协同推进Y市五水共治工作的进程，联合治水效果明显。以2014年为例，Y市基层商会共认捐2990万元(见表2)，社会公众募捐高达320万元。此外，Y市各级工青妇等组织纷纷组建青年志愿服务队、巾帼治水服务队等，广泛参与"五水共治"工作。市总工会2014年组织诺贝家具等企业职工开展"志愿岗认领服务项目""母亲河结对共治""治水金点子征集"等活动，动员引导社会公众自觉履行社会责任。全市企业工会共认领责任河道121条。团市委招募300多名

① 陶建钟.复合治理下的国家主导与社会自主——社会管理及其制度创新[J].浙江学刊,2014(1).

② 相关数据、资料来源于Y市联创与治水办。

团员青年担任“河小二”，开展“河小二巡河”系列宣传活动；干江镇妇联发动村妇联成员担任“河月嫂”，开展义务清理河道淤泥、漂浮物等义务劳动10多次；该镇村干部、党团员、村民代表等为主体的125名“零距离”河长仅4月6日就集中参与了16条小微水体的环境整治工作，清理河道13970多米，完成8条小微水体清理，对当地群众积极参与护河和小微水体环境整治产生了较好的助推作用。此外，Y市还发动文联、工商联等组织通过剿劣文艺会演下乡、文艺创作下乡、金点子征集、“乡贤”为故乡剿劣献策等途径，进一步广泛发动群众，形成了党政社会联动、全民齐参与治水剿劣的良好局面。

Y市五水共治2017年度投资项目计划

表1

项目名称		总投资(万元)	建设单位
治污水	各乡镇(街道)污水处理厂及配套管网项目、各库塘清淤项目、玉环湖生态整治工程等	157522	各乡镇(街道)、市住房和城乡建设规划局等
防洪水	沿海排涝项目、示范区解放中河排涝及景观工程	55733	市水利局、市海洋与渔业局、各乡镇(街道)等
排涝水	Y市沿海排涝工程、玉坎河段治理工程等	81464	市水利局、各乡镇(街道)等
保供水	城乡饮水安全提升工程、龙溪水库饮用水源地工程等	6600	市水务集团、自来水公司等
抓节水	南区分质供水管道安装	5524	市经济开发区
合计		306843	

Y市五水共治商会捐赠情况

表2

名称	金额(万元)	名称	金额(万元)
YC商会	150	LP商会	120
KM企业家协会	371	GJ商会	80
DMY商会	200	SM商会	143
CM商会	326	LX商会	120
QG商会	1480	合计	2990

(二)多环节支撑。多方复合联动的秩序生成需要规则、动力、责任等相关因素的激活，主体间交往互动，为公权职能行为的操作与监督提供一条可行性秩序的生产，这也是

一种治理主体间的互动规则。社会治理权力主体在正当行为规则约束下获取社会生态环境支撑，激发参与的动力，公共责任被唤醒，形成自生自发的治理秩序。在这一正当性行为规则中，多个环节紧密扣连，主体间的系统联系有所增强，为治理权力的正常行使与错误规避铸造了免疫系统。一是制度规制与技术支撑。Y市根据各媒体报道、监察举报、参政议政等渠道获取反馈意见，出台相关政策，制定有效实施参照和行动约束规则，并且针对工作中的不足进行修订完善，以制度规制治水工作。Y市先后出台《五水共治"河长制"与督查问责机制》、《Y市"五水共治"专项资金管理暂行办法》、《农村生活污水治理一事一议财政奖补项目与资金管理办法》、《关于开展全民治水的意见》等相关政策。"五水共治"作为市委、市政府的重中之重来抓，设立五水共治一事一议财政奖补专项资金，实现市级财政1∶1配套投入，全力保障"五水共治"有序推进，仅2017年财政投入就达30.8亿元。其次，强化智力支撑。Y市2014年率先委托河海大学编制完成《Y市五水共治综合规划研究》、《Y市城乡污水治理专项规划修编(2014—2030)》，并及时摘要编印《玉环市五水共治规划30问》，系统梳理治水关系，明确治水目标任务，协调确定工作内容和建设时序，科学统筹安排污水处理设施及管网布局等建设，为各地治水工作提供科学指导。主动对接引进高校治水团队和高学历人才。先后邀请河海大学崔广柏教授、省治水首席顾问浙工大李军教授、省农科院沈阿林研究员等多位专家领衔的团队到Y市蹲点调研、现场指导治水剿劣工作，提出精准治理对策；引进上海海洋大学投资的国家高新技术环保企业——上海水生环境工程有限公司等4家公司及15名优秀治水人才参与Y市的"五水共治"工作；联系浙大环境学院3名博士生分头到3个乡镇街道蹲点帮助剿劣。同时深入挖掘本土人力资本资源，发动相关专业技术人才参与治水工作，组建了由21名高级工程师领衔的治水服务团，提供菜单式服务。目前，共有57名治水服务团成员已全部安排到治水项目担任技术顾问。此外，重骨干培训。近3年，举办"剿灭劣V类水"等为主题的市、乡镇、村三级治水骨干全员专题轮训和防洪排涝、治水促转型等5次大型专题研讨班，并组织涉水部门、乡镇治水骨干20多人到河海大学集中学习，到省内外治水示范点进行规划实施的现场学习交流。其中2015年专门邀请省内治水领域业务较强的浙师大环境地理学院，面向乡镇、街道和部门的主要领导及治水分管领导举办"五水共治"业务培训班，设置先进地区(浦江)治水经验、农村生活污水和城镇工业废水处理、水生态修复与水文化打造等6个专题。[①] 二是组织化合作动员宣传。组织化合作动员是调动政府、社区、社会民间组织、社会公众等多方参与五水共治的有效途径。通过组织化合作动员宣传，使社会个体意识到参与其中能亲身受益，约束自身行为并主动参与、监督，辐射自身的榜样示范作用。Y市结合听证会、广告牌、宣传画、电子屏、微博、短信、

① 相关数据、资料来源于Y市联创与治水办。

简报等媒介，发展形成立体联动的社会宣传和宣传动员结构①。首先，党政主导。市、镇、村三级党组织依托每月一次的党组织活动日组织2万多党员参与护水、节水、除污等治水相关活动和水污染防治、水资源保护相关法律法规的宣传，市委、市政府相关部门和各乡镇街道近3年开展环境保护法、水污染防治法、水法等“五水共治”相关大型专题宣传和文艺演出600多场次，面向村干部、规模企业经营者等举办涉水法律知识巡回讲座20多场次。通过制作播放《水之患》专题片、印发本土化的《“五水共治”六十问》、“五水共治”法律知识折页、“剿灭劣V类水”宣传折页等宣传资料共50多万份，参与治水剿劣相关活动人员达30多万人次。② 其次，是媒体引导。突出正面典型示范和反面典型示警，大力开展“五水共治”宣传，实施全方位、地毯式的宣传覆盖。2014年以来，“今日XX”“XX发布”等微信公众号、治水之声、“榴岛聚焦”等10多个主流媒体持续设置专栏，开展“五水共治”、剿灭劣V类水等宣传，营造了较好的宣传氛围。特别是今年借力主流媒体，推出“我爱我家——门前的那条河”“十百千万”系列宣传活动，实行“十大媒体亮剿劣品牌（专栏）”“百名干部亮承诺”“千名零距离河长亮身份”“万名志愿者亮服务”，产生了良好的社会反响。此外、群团劝导。Y市工青妇等组织纷纷组建青年志愿服务队、巾帼治水服务队等，广泛参与“五水共治”宣传活动。三是构建互动反馈平台。通过建立政府、社会等治理主体间的互动反馈平台，多方交往互动交换反馈监督意见，强化治理主体的公共责任意识，激活社会个体的参与、监督的动力，从而促进多主体参与、协同治理的良性秩序的形成。政府、群众、社会组织、村居相互监督并实现监督信息的有效反馈，企业向政府、群众、村居、社会组织通报监督意见涉及的问题情况与治理、整改措施；政府将社会反馈督查事项纳Y市“四见面”督办范畴，并及时向群众、村居、社会组织、企业通报监督意见的处理情况。例如，M街道办事处村民向相关部门反馈，某施工队在实施N村建成区截污工程时未按标准安装排水管道和解放塘污水积水等问题。Y市政府部门在得知该督查信息后，调查取证，将这两件事经正规媒介曝光并公开处理意见，增强了政府的公信度和影响力。四惩罚奖励机制的活态运作。对照《Y市“五水共治”工作考核内容和评分细则（实行）》，通过督查考核，将多项指标作为考核内容，奖惩分明，对先进单位和个人授予“治水先锋”“治水铁军”等荣誉奖章，对后十的则亮黄牌整改，实行后进转化，形成良性循环。

（三）多渠道干预。通过网上测评、服务对象测评、电话监督等多种渠道方式，推进开门决策，实行多方互动监督，以权利制约权力，打击遏制违纪现象，提高科学治理水平，优化和提高了办事能力和效率。一是健全多维立体的督查问责机制。通过电话举报、网络

① 任克强．组织化合作动员：社区建设的新范式[J]．社会学，2015(2)．

② 相关数据、资料来源于Y市联创与治水办。

举报等多种途径,构建"来电、来信、来访、网络"四级联动立体举报网络,及时掌握和受理社会公众的相关诉求和反馈信息,公开问责"五水共治"工作中"不作为""慢作为""乱作为"等问题并给予曝光和黄牌警告,实行全程追责。纪委对排位全市末3位的河道河长、河道警长及因履职不到位被上级媒体曝光或被上级单位通报的河长,一律问责;对消劣任务未完成的单位,一律"一票否决",追究责任;因主观原因造成工作严重滞后的,一律免职。如今年4月24日被省暗访组发现玉城白岩河、黄泥坎河等河道两名保洁不到位等问题,市纪委启动问责程序,约谈了9名相关河长,通报批评了一名河长。另外,明确企业主、党员干部有非法排污、非法阻挠治水工程建设、存在涉河违建且不整改等情况的,一律不得列为市和乡镇两级党代表、人大代表候选人,有5人因此被取消提名资格。三是强化督查考核机制。市委、市政府将"五水共治"工作纳入市对乡镇街道和部门年度工作目标考核,并实施启动纪委专项监察和组织部专项考核,将治水成效与各级领导班子、领导干部的工作绩效相挂钩,全面开展"五水共治"劳动竞赛,并对乡镇街道部门领导班子及领导干部治水进行专项述职评议,公示进度、查摆问题、评议实绩,强化领导干部抓治水工作的主动性和积极性。同时,市人大常委会将治水工作列入代表视察评议内容,市政协派驻督查组进驻市治水办进行专项民主监督。三是完善联合督查机制。开展市领导点对点督查,定期不定期组织"联创与治水"办、纪委、组织部、督查室等单位开展"治水正风肃纪""治水先锋"等联合督查活动。四是完善联合执法机制。坚持依法治水,配合市"雷霆斩污"行动,高压严打违法排污行为,出台举报奖励办法,市财政每年拨出100万元专项用于举报奖励。在原先的环保、公安联合执法机制的基础上,整合"联创与治水"办、法院、检察院等10余个单位力量,成立市治水综合执法队,进一步完善联合执法机制实现常态化联合执法。近3年,全市共查处水环境违法行为157起、追究刑事责任69人,成功查办台州市首例企业污染环境罪案件并入刑;今年上半年继续加大力度,已查处涉嫌环境污染犯罪案件31件,其中刑事案件22件,刑事拘留17人,行政案件9件,行政拘留7人。有效震慑了水环境违法行为。[①]

四、复合联动的多维立体效应:Y市五水共治的价值透析

Y市五水共治的多中心复合联动机制进一步拓展了过去他地的探索,激活了社会公众的主体意识和责任意识,促进自发秩序的生成扩展,有效突破传统社会治理的"运动式困境",实现常态化治理,主动适应经济发展新常态。可以说,当前社会治理亟待突破的实现课题都在这一过程中得到了有益的尝试与践行。

(一)权威嵌入与技术规训,形成组织化的治理秩序。Y市五水共治的复合联动机制不仅需要各级政府的强效推进和民间权威的示范效应,同时还需要建立起科学合理的制

① 相关数据、资料来源于Y市联创与治水办。

度设计和技术规训。政府权威能够有效地运用其本身所属职权的力量优势，通过制度规制、管理指挥、技术规训等使协同治理主体形成组织化的秩序，提高政府部门的威信力和震慑力。Y市根据治水实践需要，出台《五水共治“河长制”与督查问责机制》《Y市“五水共治”专项资金管理暂行办法》等系列政策方案并加以修订补充，强化了制度的权威性，有效地推进治水工作。其次，作为民间权威的社会精英等社会力量，具有很强的示范效应，在复合联动中扮演着“节点”与“桥梁”的作用；往往能唤醒社会公众的主体意识和责任意识，有助于形成联动治理机制。此外，《Y市“五水共治”总体规划(2014－2030)和市城乡污水工程专项规划(2013—2020)》的科学规划和“河长”等相关人员的技术规训，有助于形成科学的秩序观，在一定程度上指导和帮助复合联动机制的成长和优化，有效地破解五水共治节点难点问题，凸显权威性和专业性，提升治理的科学化水平，实现了五水共治工作的增效。

(二)信任构建与环境支撑，认同个体的公共身份。多元主体、公共责任、自主参与是复合联动治理秩序的核心要素。当前社会治理中的公众参与，大都借力于外，要么是媒体的助力，要么是社会个体的利益所逼迫，鲜有出自社会个体内在的动力和主体意识的真正觉醒。[①] 如何唤醒治理主体的主体意识，激活其参与的动力，关键在获取社会生态环境支撑。在Y市五水共治机制的运行中，社会个体不断通过组织化合作动员宣传、互动反馈平台构建、惩罚奖励机制的活态运作等环节获取社会生态环境支撑，社会个体意识不断觉醒，主动辐射自身的榜样示范作用；特别是互动反馈平台的构建，政府赋予公众平等地接收各类反馈信息，大范围地解决了信息不对称的问题以及权力不对等关系，大大地提升了政府的公信力和认同度，更多公众渴望参与公共事务治理。[②] 在这一系列过程中，社会治理主体自主进入五水共治的场域，重新界定并认同个体的公共身份，感知自我的公共力量和公共责任感，约束自身行为并主动监督，从而使漫散型的权力内化于心，主动融入社会决策与社会建设中，形成全民治理的良好氛围。

通过剖析2014年4月、2015年5月和2016年12月Y市社会公众对“五水共治”工作的支持度对比情况发现(见图2)，社会公众表示“五水共治”跟其生活息息相关、应该主动配合支持分别为85.2％、96％、98.2％；受访者表示“五水共治”是政府部门的事情、与普通群众不相干、也不想参与的占比依次为10.88％、1.15％、0.98％；持茫然态度的分别为3.92％、2.85％、0.82％。进一步调查显示，在“五水共治”具体工作实施过程，若触及个体的相关利益时，对其不支持的有2.85％；有96.1％的受访者表示支持配合；还有1.05％的不仅不配合还进行相应抵制。可见，Y市五水共治经近4年多的探索得到群众

① 杨采琴.论公众参与社会管理的困境[J].求索，2012(1).

② 罗维，孙翠.乡村治理中的协商民主：发展瓶颈及深化分析在[J].农村经济，2013(8).

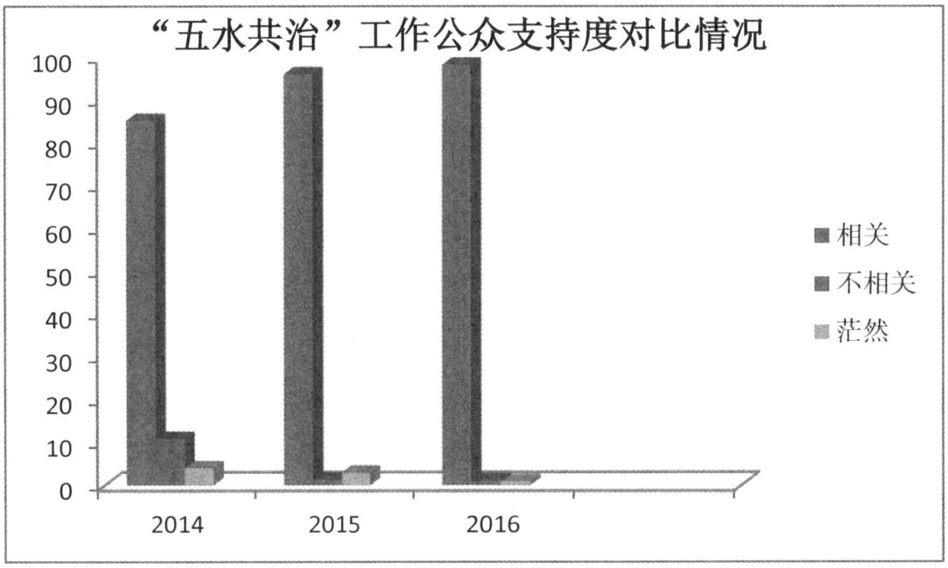

图 2　Y 市五水共治公众支持对比情况

的普遍认同,同时社会公众的主体意识和社会责任感有所增强且处于稳步上升的趋势,能正确地认同个体的公共身份。

(三)多元监督与多方参与,实现治理常态化。群众的监督具有广泛性、敏锐性、自觉性等特点,能够有效地规避政府行政决策失效等隐患,对公权力和社会组织都能形成有效的制约。但必须注意到,这种自觉的监督很容易因热情的消散失去动力,最终沉寂下去。为此,Y 市一方面必须跟进一系列持续性的激励措施,维持其动机,另一方面必须不断加深群众对五水共治的认同,使这种表面的认同或外在的动机内化为个体的责任与信仰,使监督行为产生内驱动力。同时,我们还应该看到,自发的监督本身也需要一种制度化的约束,否则很容易成为"舆论绑架"或个别人谋求一己之私的工具。因此,充分运用公众力量的前提是引导其在一个足够自由但方向正确的空间轨道上。Y 市在五水共治的各个环节构建多元互动的监督机制,逐步形成监督、互动、反馈一体的规范化的制度和程序,既保证了公共行政决策透明化,又实现了社会组织和社会个体对于社会治理秩序自觉自发的有效支持,使这一创新的治理模式真正走向常态化。

五、复合联动的可持续之本:Y 市五水共治的完善路径

政府主导的"运动式"五水共治只能在短期内收到一定的成效,无法从根本上改变治理的态势和创新治理的结构,需从制度设计、支持环境建设、互动平台构建、责任体系创新层面完善五水共治的路径,进而有效地突破当前五水共治的"运动式困境",实现常态化治理。

(一)完善复合联动的制度设计,保障内部的规范运行。规范的制度是治理机制健康长效的标尺与必要前提,也是内在的自我更新发展的动力与保障。一切公共权力必须纳入制度的框架中，既规避了权力的滥用，又保证了权力在合理范畴内再分配。在五水共治的实施中，政府通过奖惩引导激励多元主体动机的内化，但奖惩无据可依；不同治理主体的角色及其表现没有规范化的评定标准。显然，完善复合联动的制度设计，提供更明确且权威的合法性依据，规范复合联动机制的内部运行。一要注重思维创新。在顶层设计上，必须综合考虑污水处理设施建设规划、防洪排涝规划、水资源保护和利用规划、湿地建设和保护规划、土地利用规划、节水规划等多项规划的有机融合和衔接；在项目落实上，善于借船出海，比如运用PPP、发行债券等多方拓展融资渠道，采用政府购买服务方式，柔性引才推进剿劣项目等。二要注重机制创新。在日常监督方面，要构建资金和政策运用的长效监督机制，防止资金被挪用、政策被滥用等现象的发生；在责任落实方面，要建立职权统一、分工合理的绩效考核机制和“谁受益，谁补偿”“谁污染，谁治理”的生态补偿机制，防止产生随意转嫁治污责任的“免费搭车”现象和“囚徒困境”。三要注重方法创新。比如Y市对各级河长全面实施APP管理，有力促进了河长巡河护河工作的落实；干江公开选聘“零距离河长”，有效激发了基层干群治水热情。

（二）构建多元立体的互动平台，实现沟通交流的常态化。当前Y市五水共治机制中较突出主体间的信息互动与即时反馈，但这种互动与反馈带有即发性、事件性、阶段性的特征。只有发生“关键事件”或“突发事件”时，参与治理的主体才会具体反应，展开针对性的互动行为，做出相应的反馈。就每一次的互动本身而言都是临时的、相对单向的，呈碎片化。因此，必须构建一个专门的无门槛交流互动平台，实现信息高度集中、快速流动、公开长效，密切主体间的关系，从而更好地服务于共同利益的资源整合和个体的特殊需求。

（三）创新社会生态环境支持机制，激活权力主体的动力。社会治理结构变化的动力在于治理主体的利益冲突与整合。Y市五水共治复合联动模式的成功运行，最关键的一点在于其满足了多元参与主体的共同利益，复合联动模式将个别的、分散的主体利益整合到一起。提升参与主体的内部动机是复合联动机制的引擎。在整合形成利益的同时，最大程度地保护并实现主体的特殊利益需求。以Y市大麦屿街道为例，街道建成区内十个村（社区）的三级管网铺设完成度不到20%（在我市属前列），三级管网是收集村民生活污水和雨水最直接的管网，是“截污纳管”工程的最后一公里，只有打通这最后一公里雨污分流、截污纳管才有意义。而街道建设区又是人员聚居密集区，日常生活废水量大，如果不能做到管网入户，居民生活环境就很难得到质的提升。但是，目前因技术处理难度大、建设资金压力大、群众理解度不高三方面因素阻碍了三级管网进铺设推进。为此，应从政策、秩序、舆论等多方面创造条件，科学规划、多方筹资、积极宣传，构建社会生态环境支持平台，调解、引导更大范围的利益冲突和整合，打通截污纳管工程“最后一公里”。

（四）建立社会责任体系，促进自发秩序的生成。群众是“五水共治”实践的主体力量，群众对水资源环境的知情表达权、参与监督权、索赔权等权利日益凸显，极大地推动了“五水共治”的实践行动。“只有培育有责任的自由力量,才能真正有益于社会治理,有益于那些逐渐产生的、不同于有意创立的制度,有益于社会治理的创造性力量和自生自发秩序的形成”。① 实践证明,社会公众责任能引导个体遵循正当行为规则并信守规则,从而在交往互动中形成某种秩序,与公共权威达成共识,便于自发秩序的型构与维护。

参考文献:

[1]王兴伦.多中心治理:一种新的公共管理理论[J].江苏行政学院学报,2005(1).

[2]奥斯特罗姆.公共事务的治理之道[M].上海:上海三联书店,2000.

[3]博克斯.公民治理:引领21世纪的美国社区[M].北京:中国人民大学出版社,2005(10).

[4]卜万红.是走向社区自治还是建立社区治理结构[J].改革与发展,2004(6).

[5]迈克尔·波兰尼.多中心体制与地方公共经济[M].上海:上海三联书店,2000.

[6]杨冬雪.走向社会权利导向的社会管理体制[J].华中师范大学学报,2010(1).

[7]俞可平.治理与善治[M].北京:北京科学文献出版社,2000(6).

[8]李全中.非政府组织提供公共物品的正当性及其边界——基于新政治经济学视角的考察[J].天津行政学院学报,2012(6).

[9]汪春劫,刘焕.用现代治理模式推进地方政府社会管理改革[J].当代理论探讨,2012(5).

[10]李平原.探析奥斯特罗姆的多中心治理理论——从政府、市场、社会多元共治的视角[J].甘肃理论学刊,2014(5).

交往行动理论视阈下的基层协商民主路径开拓②

——基于玉环县政协“四见面”重点提案协商办理机制研究

陈　君　林婷婷

一、现实问题的提出

十八大报告中不但首次系统论述健全社会主义协商民主制度,并强调了完善协商民主制度和工作机制的重要性。这一论断回应了当下政治新常态的客观需求。事实上,现代社会是一个多元共存的时代,新思潮不断涌现,大量激增的环境新诉求考验着政府与百姓之间关系的维护。而广袤的乡村作为治理的基础地带,是当前和今后国家长期建设的重点区域。如何平衡各中利益关系,推进城乡一体化进程,优化政府服务,是摆在政府

① 哈耶克.哈耶克文选[M].江苏人民出版社,2007(2).

② 原载于《台州论坛》2016年第1期(总第117期)。

面前的热点问题。而“协商民主却很大程度上契合了这种探寻有效的政府与公民互动机制的要求。”①

作为我国市场经济最为发达的地区之一，浙江省近年来在积极推动基层民主管理和社会自治方面，做了不少有益的探索。浙东玉环县实行的“四见面”重点提案协商办理机制，至今成功运行18年，提案内容主要涉及城市建设管理、环境治理、交通管理、生态建设、基础教育、食品安全、养老服务等民生重点，通过多年的不断探索完善已成为玉环县政协推动全县重点工作落实和重大问题解决的重要途径之一。它较好地拓展和深化民主决策、民主管理和民主监督制度，并在此基础上增强基层公共权力的合法性基础，也有利于最大限度地调动各方面积极性、协调各方面关系，维护社会团结稳定，避免公共决策失灵。

本文将此作为个案研究对新时期如何运用协商民主科学方法化解基层治理中不断产生的新矛盾，实现社会结构和社会秩序动态稳定，为基层治理提供更清晰的路径选择，或者说是为政府管理者提供一些在解决问题时可供参考的全新视域，是一个值得深入研究的课题。

二、理论背景介绍

（一）交往行动理论

交往行动理论是哈贝马斯现代性理论的核心。他在20世纪80年代出版的《交往行动理论》阐明了交往行动理想模式，提供参与民主决策途径的可行性。② 其理论的核心概念之一是交往理性，是交往行为要寻找的合理性根据，意指人们在协商交往中所持的理性态度，是交往行为主体之间进行没有任何强制性的诚实交往与对话，并在相互承认基础上达到谅解与合作。③ 在国内，自《交往行动理论》1994年被中译出版后，交往行动理论被广泛研究。④ 大多数学者就哈氏交往相关理论进行价值肯定或批判，如傅永军《哈贝马斯交往行为合理化理论述评》(2003)、杨芳《论哈贝马斯“交往理性”的当代价值》(2007)等。而有的学者从交往实践等方面对交往理论进行研究(杨国荣2013)。⑤ 与本课题相关的前人研究成果中，王继军与马晓云(2013)认为哈贝马斯交往行动理论在政治学领域的应用表现为协商民主政治构想，对中国政治价值构建有着深远影响。为本课题部分思路梳理提供了帮助。

---

① 吴兴智.协商民主与中国乡村治理[J].湖北社会科学，2010(10).

② 翟荣策.民主的商谈理论：对哈贝马斯政治思想的一种理解[D].吉林大学2007年硕士学位论文.

③ 王凤才.哈贝马斯交往行为理论述评[J].理论学刊，2003(9).

④ 赵淑辉.世纪我国交往理性研究评析[J].内蒙古大学学报(哲学社会科学版)，2009(5).

⑤ 赵淑辉.世纪我国交往理性研究评析[J].内蒙古大学学报(哲学社会科学版)，2009(5).

(二)协商民主

协商民主在学术意义层面上首次出现在约瑟夫·毕塞特(Joseph Bessette)《协商民主:共和政府中的多数原则》(1980)一文。而真正推动协商民主理论发展的则是伯纳德·曼宁和乔舒亚·科恩。两位学者分别发表的《论合法性与政治协商》(1987)和《协商与民主合法性》(1989)就协商过程和民主合法性问题进行探讨。之后,哈贝马斯将交往行动理论拓展到政治领域,在《在事实与规范之间》一书中系统论证了话语民主理论,试图以此实现私人自主与公共自主的互动与融合,为本文提供了理论视角。而从20世纪90年代开始,西方学者对协商民主理论有了更广泛深刻研究,美国学者阿米·古特曼和丹尼斯·汤普森出版的《民主与分歧》(1996)就协商过程的互惠性、公开性、问责制进行了探讨,是在实践和政策语境层面延伸拓展了协商民主理论的首部著作。[①] 在国内,俞可平《当代西方政治理论的热点问题》(2002)中介绍了国外对"协商民主"的研究,成为国内最早关注协商民主问题研究的学者。此后,有的学者对西方协商民主理论的概念特征、意义与发展走向等进行了细致评议(陈家刚 2004)。[②] 而随着研究深入与拓展,学者关注焦点逐步转向协商民主实践。何包钢、王春光(2007)以温岭协商民主恳谈为个案,阐述协商民主嵌入中国社会现实操作上不可照搬协商民主理论设定的条件执行,需逐步完善。[③] 吴兴智(2008)以个案为基础探讨了公民参与、协商民主与乡村公共秩序的重构。黄振辉、王金红(2009)通过结合广州羊城论坛协商、温岭民主恳谈等两个案例,分析了协商民主与中国地方治理。这些文章为本研究分析提供了颇多理论参考。

总体而言,尽管许多学者在个案实证上多角度对协商民主进行了深入研究,但由于我国研究起步较晚,协商民主与公民参与的内在关系、协商民主的制度构建等深层次问题还需进一步加强,并且采用交往行动理论分析这类个案的成果不多。因此,本课题研究对深化协商民主理论在我国乡村民主政治建设中的价值和限度的认识有一定的帮助。

三、交往行动中的理性重建:"四见面"提案办理机制的创新与完善

玉环县的"四见面"重点提案协商办理机制在运行的18年间持续探索完善,已成为玉环县政协落实全县重点工作和解决重大问题的关键途径,有力拉近了党群关系,深化了基层有效治理。所谓"四见面"是指在政协全体会议期间,由县委县政府领导、政协领导、提案人与政协委员、承办单位四方进行面对面公开协商,它是在广泛深入基层听取民意、"严格选题、紧扣民生"的基础上,确定多个重点提案,在民众监督和参与下通过面对

---

① 卢瑾.当代西方协商民主理论研究——现状与启示[J].政治学研究,2008(5).

② 转引自吴兴智.公民参与、协商民主与乡村公共秩序的重构——基于浙江温岭协商式治理模式的研究[D].浙江大学博士论文,2008.

③ 何包钢,王春光.中国乡村协商民主:个案研究[J].社会学研究,2007(3).

面协商的方式进行公开化、民主化的办理重点提案的机制。[①] 表1是部分年份的重点提案,从中可以看到提案内容基本与玉环县百姓生活息息相关。而相关的问题被多次定为重点提案(如水环境治理5次,交通治理4次),既体现了每个时期亟需重点解决的问题又具有提案处理的后续承接性,科学合理。

2010—2015年政协四见面重点提案一览表

表1

年份	提案人	提案
2010	政协楚门联络组、玉城联络组、清港联络组	建议尽快引进先进焚烧技术,根本上解决垃圾"处理难"问题
	黄宝鹤、潘寿黎、杨永建、梁永红、方贵川等委员	关于要求加快公共文化体育基础设施建设的提案
	玉城联络组与港澳台侨民宗委联合	关于盘活城区闲置、待开发土地,加快推进城市建设的提案
	玉城联络组与池万清等委员	关于完善县城交通体系,改变"外不快内不畅"现状的建议
2011	坎门联络组、楚门联络组	关于深化区域污水治理,努力打造生态县的建议
	教育组、科技组、方贵川	关于健全基础教育体系,加强学前教育的建议
	玉城联络组、港澳台侨民宗委	关于加大管理力度,缓解城区行路难的提案
	社法委(黄宝鹤、潘寿黎、姚宗美等)、玉城联络组、大麦屿联络组	关于切实做好节能降耗工作的提案
2012	社法委、楚门联络组	加快我县公共文化服务体系建设的建议
	经济一组、港澳台侨民宗委	规范民间金融市场 维护经济社会稳定
	潘玉平、清港联络组、政协坎门联络组、郑志方、郑潇建	关于切实解决水安全问题的建议
	玉城联络组、大麦屿联络组	关于加强食品安全监管,保障群众生命健康的提案
2013	政协社法委、玉城联络组	关于从公职人员抓起,坚决遏制婚丧事大操大办的提案
	大麦屿、清港联络组	关于加强城市管线综合建设管理的提案
	玉城、楚门联络组	切实提高城区河道污染整治成效 推进生态文明县城建设的建议
	坎门联络组、政协工业组	关于推进集聚平台建设,促进小微企业升级的建议

① 调研资料整理所得。

续表 1

年份	提案人	提案
2014	社法委	关于加强我县医疗卫生人才队伍建设的建议
	经济委	关于加强对行政审批前置中介环节管理的建议
	清港联络组、楚门联络组、大麦屿联络组	关于立体保护湿地资源，努力打造生态新城的建议
	玉城联络组	充分发挥社会力量，有效推进我县养老服务业发展的建议
2015	坎门联络组、社法委	关于加强环岛海岸生态景观带保护和建设的建议
	楚门联络组、清港联络组	关于优化城乡公交布局，彻底整治营运乱象的建议
	大麦屿联络组	关于积极稳妥推进旧城改造的提案
	玉城联络组	关于完善小区物业管理，提升城市品质的建议

此外，在四见面重点提案办理机制的运行过程中，从程序设计的每个环节到内涵实践的层层递进，解决了基层协商民主微观运作机制的技术工具问题。“四见面”重点提案协商办理机制建立了平等机制、对话机制、接受机制和互动机制的一整套合理有序的实践程序，使多主体之间以相互理解为目的的对话，达成理性共识，将交往行为合理化，有效保证公共决策的妥善制定，为从民意表达到民主治理打造了一条宽厚的大道。

（一）平等机制

普遍化构成民主的可行性，它“充分尊重和正常满足参与进来的利益相关者的理想和诉求”。[①] “四见面”这一平台机制使各方获得交往资质，尤其是群众一方。它采用调研深入底层化（调研员长时间扎根基层，并利用录音、文字、视频等方式真实记录基层群众的意见建议）、提案办理公开化（提案的预选、提案的确定及策略讨论以及后期的办理进度均对基层群众开放处理）、信息公布透明化（利用《今日玉环》、玉环新闻网、玉环政协网、电视台等新老媒体公开会议讨论过程与结果以及后期处理的细则及成效，同时设置意见箱与网络问答室、监督电话等方式，使群众更好地了解提案办理进展并提出其他相关的建议需求）、回访频率制度化[制定《四见面重点提案办理机制回访细则》对回访进行制度落实，在开展提案落实中每隔一个月（持续三个月）及三个月（“一个月回访一次”实行三个月后）的循序时间进行回访，采用发问卷和随机走访群众以及选取群众代表参加回访大会的做法，使群众再次获得强有效的话语权，可以直接对提案办理的成效进行反

① 王继军，马晓云.哈贝马斯交往行动理论及其现代政治价值导向[J].求索，2013(7).

映],这四个环节的实施使群众可以从头至尾拥有介入到反映、监督、提问等各个环节的权利,也扎实促进了提案的办理。总而言之,四见面提案办理机制破除了原有的将主体与客体对立的二元分割方式,为主体间性的理解与新共识提供了最基础的土壤,也激活了群众当家作主与勇于反映心声的积极态度,便于整个机制合理运行与公共决策的有效制定。

如2011年列入四见面重点提案的《关于健全基础教育体系,加强学前教育的建议》就早在2008年开始了摸底调研,经过对全县2369所幼儿园的走访及收集1000多户基层普通百姓的意见,撰写与制定出了真正接地气的提案及整改措施。2012年,全县公办幼儿园的预算内生均公用经费达到小学预算内生均公用经费的三分之一以上,到今年每年实施学前教育资助制度,对低保家庭幼儿、革命烈士子女、残疾幼儿等家庭经济困难"五类生"予以补助,另外对民办幼儿园的软硬件管理也进行管理督查,对不合格的幼儿园命其整改。此外,加强全县公办及民办幼儿园老师的培训教育,强化师资队伍,在2015年初,争取到了乡镇中心幼儿园事业编制老师比重达30%提升学前教育管理的合理化。[①] 这一做法得到广大群众的赞同,同时也对玉环县本身紧张又缺乏系统管理的学前教育领域给予巨大改善,不仅满足了本地孩子就学,也对外来农民工子女的就学需求提供了应景的服务与帮助。

(二)对话机制

主体间性是哈贝马斯交往行动理论的核心概念,通过主体间性这根纽带链接各方主体,可以形成理性的主体间重要"意义域"。[②] 在这个意义域里,通过对话,理性得以相互交换,并促成新的理解。虽然这种新的理解还是弱共识,但语言的力量赋予了各主体之间特殊往来力量,能巧妙构建出多幅政治话语网络,创造了互动协商的有利条件。

1.群众与提案调查员的对话机制

玉环县政协在每个乡镇设置了自己的联络组,共计11组。各乡镇对下面的村进行分层安排,排布各类调查员。而群众与提案调查员之间的关系比较紧密,对话也比较顺畅,源于他们之间的身份大量重叠。玉环县"四见面"的基层调查员分为群众(多为本土有威望的人物)与村(社区街道)镇或县级部门调查员。有表达能力或者拥有威望的人士或乡村精英有的被选中作为调查员,他们扎根在乡村大地上,对本地的社情民意了解颇深,在百姓中有一定的人气与向心力。换言之,其本身自带了一种本土的共识基因,对话结果更加易于达成合力,因此是Y县政协获取村镇关键信息的重要端口。而另外挑选的

① 调研材料整理所得。

② 陈辉.沟通与支配:哈贝马斯合理化理论的张力——兼《交往行动理论》读后[J].新东方,2008(8).

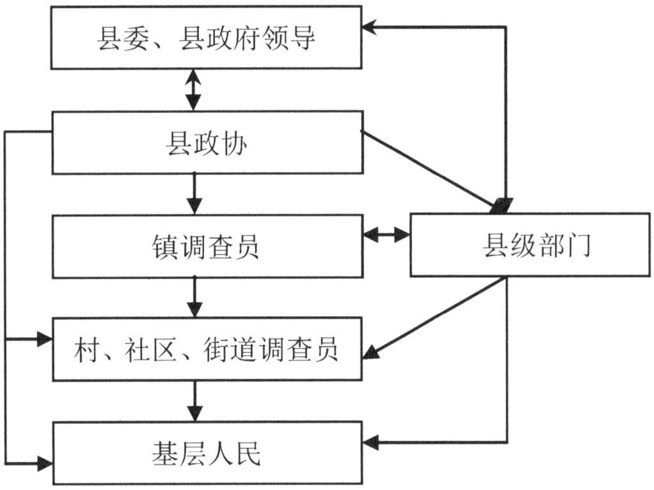

图1　玉环县四见面提案办理工作对话机制网络

村(社区街道)、镇、县级部门调查员有的受到上级委派,有的则自身具有专业的知识结构和严谨的做事作风,这些都有助于调研研究的深入和实效性,具体情况见表2。

基层调查员的情况调查表

表2

性　别	男(63%)			女(37%)	
年　龄	40岁以上(44%)		30岁到40岁(37%)	20岁到30岁(19%)	
工　作 类　别	村干部 (31%)	企业老板 (20%)	一般群众 (17%)	种植户 (16%)	乡镇、县级单位 工作人员(16%)
收　入	5000以上(33%)		3000—5000元(51%)	1000—3000元(16%)	
文　化 程　度	本科及大专及以上(39%)		中专(38%)	小学、中学(23%)	

从表2可以看出,基层调查人员按工作类别大致分为5类:村干部、企业老板、种植户、一般群众及乡镇、县级单位工作人员。这在一定程度上丰富了提案内容挖掘、制定与办理的视野,也较为真实有效地权衡各方群众利益需求,满足交往多元化效益,达到合理对话目的。

访谈对象c先生(45岁,某阀门厂厂长)在调研访谈中说道:"现在环境竞争激烈,赚钱比以前难,加入调查员队伍前,对四见面这一事情关注也比较少,觉得政府也不会很关注我们这些小企业,现在加入进来,可以为自己这一拨人说话,反映反映情况,提出的问题困难也被上面领导看到了,也被重视起来,也比较高兴。"

同时,如表中所见,在文化程度方面,基层调查员中不存在文盲,并且有39%为本科大专学历及以上，中专38%，小学初中则是23%，对交往过程中极富重要意义的语言环节提供了很大程度的便利，基层调查员基本能够合理表述、整理与记录清楚调研访谈所得，和群众沟通也是可以按照各自身份的视野看到问题大致方向，总结出最初的一手资料。

此外，玉环县政协排布各类调查员的做法，形成了以点（各村调查员）带面（镇的调查员横向网络），进而成网的一个对话信息获取的基础库。但这一对话机制又不仅仅局限于此，在必要之时也打破常规层级关系，塑造了县级有关部门与村（社区街道）镇调查员配合、县级有关部门与县政协配合等多种直接面对基层百姓的立体型对话模式。同时，提案涉及的部门有参与治理的承办责任，人民可以根据提案解决的情况及时通过"回头看"（检查办理成效的后续调研活动）环节反映自己的提议，参与民意打分（下发的打分表），或者通过提供的网络平台及投诉栏目电话等给予反馈，结果直接影响该单位及其负责人的考核，扩大公民平等参与的机会，以权利制约权力，形成公共权力运行公开化的监督网。

2. 提案调查成员之间的对话机制

当然，在百姓有机会与政府方直接对话或间接对话的同时，各方调查员将搜集来的民意进行分类整理与分析，把群众反应强烈的问题提取出来，进行组内讨论，并做好文字记录。一般情况下，"四见面"重点提案每年确定4件，根据各类民生的选题标准在年会前四五个月就开始征集、筛选。如2014年，玉环县政协提案委在向全县各乡镇（街道）联络组和专业委组征集的30个选题的基础上专门召开"四见面"提案选题研讨会，反复研究讨论，精挑了6个选题，提交县政协主席会议专题协商讨论，最终确定4个（表3）。其后，针对这几个提案，提案委就立即组织经验丰富的政协委员成立调研团队，着手撰写针对性强、质量高的提案，配合图片、视频、录音和文字材料，再多次进行后续调研，将与群众对话中有用的信息如实记录。

2014年玉环县政协四见面重点预选提案

表3

提案号	提案人	案　由	承办单位	督办领导	领办领导
1	社法委	关于加强我县医疗卫生人才队伍建设的建议	主办：县卫生局 协办：县委人才办、县编委办、县财政局、县人力社保局	吴小平	胡载彬
2	清港联络组 楚门联络组 大麦屿联络组	关于立体保护湿地资源，努力打造生态新城的建议	主办：玉环经济开发 协办：县环保局、县水利局、县农业局、县住建规划局、县城管执法局、县林特局	陈志鹏	杨良强

续表 3

提案号	提案人	案　由	承办单位	督办领导	领办领导
3	玉城联络组	关于充分发挥社会力量，有效推进我县养老服务业发展的建议	主办：县民政局 协办：县发改局、县国土局、县住建规划局、县财政局、县城管执法局、县卫生局、县消防大队	陈茂荣	符进友
4	经济委	关于加强对行政审批前置中介环节管理的建议	主办：县行政服务中心 协办：县发改局、县经信局、县监察局、县国土局、县环保局、县住建规划局等 16 个部门	汪云傲	陈昌笋

3.提案调查成员与政府及相关部门的对话机制

从 2010 年开始，为进一步提高“四见面”提案办理的质量，建立了在会前由政府召集、政协参加、相关部门一起参与实现沟通协商，为“四见面”提案办理协商定下工作思路，给政协委员和群众满意答复。其后，提案办理协商会的召开中，委员阐述调研所得材料反映的各项问题、委员县委、县政府领导的带头督办，有关主办与协办单位根据问题进行回答。整个过程中，民主通过这种论证的方式实现了其必要性，话语的意义在这些场域里得到释放，并使话语伦理缔造了话语政治的现代性愿景。

（三）接受机制

接受机制包括过程接受与结果接受。一方面，过程的接受是通过人民对“四见面”提案工作给予他们的安全感带来，从而对其内涵实质、操作手段逐步理解并最终接纳，最后升华为对政府行为的依赖与拥护，并使乡村生活以一种开放生动的姿态迎接“国家”一定程度的软治理渗透。这一接受的过程由量变而始，需要经过多次实践的成功检验，最后完成质变。

人民采用交往理性思维表达自己合理的公共诉求，本着互相尊重的基础与官方协商交流，激活社会生活中的反系统力量即公共领域复兴，促进形成影响治理和决策意志的非正式共识意见。“四见面”提案办理机制这项实在的治理技术在运行的十几年中，不断被丰富改造用以适应基层社会的需求，如 2013 年时，《关于从公职人员抓起，坚决遏制婚丧事大操大办的建议》提案落实就获得众多好评，侧面反映了人们对这一机制的满意程度。

在调研过程中，就有不少群众对这一提案的提出和后续规章制度的出台做法表示了深刻赞扬。访谈对象 Y 男士（36 岁，企业员工）说道：“我们这里之前的风气比较盛，结婚办丧事比排场，劳民伤财，大家无奈又碍于面子搞排场，有的人还借钱结婚办酒席的也有，这样下去肯定是社会环境越来越不好的，现在政府出的这个规定，首先把公务员们的结婚和办丧事的事情控制好，做得接地气，也是给老百姓信心和树立榜样，带头给我们搞建设发展的人被约束管理好了，给老百姓办实事，塑造好的方面的表现，这个肯定都喜欢拥戴的。”

另外，人们给出“非正式的意见形成”，把政府正希望与之相匹配的民主法治思维结合起来，形成双轨道模式。最后得出的结果作为理性沟通的产物，是人民与其他相关方通过不断的沟通与公共理性的重塑而达成的合理交往共识，并进行明确的敲定落实。这一结果被各方接受认可实现制度框架层面上的合理化。四见面提案办理机制的每个提案在运作过程中，本着实践可行性的目的，在政协会议期间被多方进行交流商议，并在经历各种声音的磨合后走上都遵从实际规律而做出合适的考量之路，从而设计出合理有序不失偏颇的公共决策。

（四）互动机制

玉环县“四见面”提案办理机制的程序规制本身就是一个五方（基层人民、调查成员、相关单位、政协、县委县政府领导）互促的过程。每个提案的办理都是本地社会治理的一个缩影。现实中，治理矛盾和冲突时不仅需要回归理性，也要转变观念。治理是个多中心的概念，和谐社会更是共同力量的缔结。提案无论是最初的形成还是过程中的讨论交流还是后期的落实检验，不仅需要政府出工出力，更需要全社会的尊重与参与。尤其在提案落实过程中，作为社会人的一个单元，一方面需要监督与提醒政府的办事效度，更需要发挥主观能动优势。如玉环县水环境治理已是多年的一个热点工作，县政府一方面在加强河道整治工作，并通过整合水务管理资源，修建水库，做好宣传，合理调水、科学调水、多管齐下、保障供水等手段发挥水资源的最大潜能。但同时，群众和企业自身也进行自我约束，并及时监督不良行为，引导错误的排水用水习惯，才能推动与社会规范的建立有关的民众乃至更大的公众群体通过理性的兼具批判性的公共讨论，就每一个相关者都关心且争论的焦点问题而互动理解并达成共识。[①] 同理，通过这一多元参与，也能进一步规范玉环县交通、食品安全等提案的处理。

此外，这一实践的过程需要各个程序环节的智能嵌套与各方主体的有效联动而成。“四见面”提案办理机制通过程序渗透，通过主体间沟通，逐渐形成共同语境，使主体间性在交往过程中被生产出来。交往权力上升或者有效影响行政权力，达到交往权力与行政权力的联动机制的构建。而这种互动产生的交往权力潜移默化地改变着基层政治结构，从而达到巩固公共权威合法性基础的目的。四见面提案办理机制中，政府以积极的态势

① 王继军，马晓云.哈贝马斯交往行动理论及其现代政治价值导向[J].求索，2013(7).

给予民间组织帮助，下放某些权力给商会、环保公益组织等，让其发挥应有的社会价值，多维稳固提升治理秩序。

四、主体间性沟通和理解的合理化："四见面"提案办理机制的价值新诠

（一）制度嵌入与技术规训，推动决策法治民主化进程。

成熟的协商民主理想需要建立起恰当的制度设计，而基层协商民主运行的机制上需要解决如何构建微观运作机制的问题。政协"四见面"重点提案协商办理机制建立了平等机制、接受机制、对话机制和互动机制①的一整套合理有序的实践程序，相互嵌套，并结合"回头看"做法及各项考评制度使多主体之间以相互理解为目的的对话，真实、真诚地进行交往行为，达成理性共识，将交往行为合理化，有效保证公共决策的妥善制定。

1. 调查制度：虽然"四见面"提案办理大会一年只有一次，但私下各种调查走访频率很高，深刻了各调查员或者提案人对农村矛盾事件以及村民思想意识本身的认识，有利于判断当下社会基层的真正需求。玉环县政协的调查联络员与各村镇(社区、街道)定期了解情况，制定下乡计划，而每个联络组更是有自己的制度规章，汇报记录本辖区内的各项民意事件，进而讨论总结问题根源，为"四见面"提案的细致准备及后期的如何落实做了有利的前期准备。同时为了考察得更为细致与丰满，广泛的与群众对话调研以及同题多问的方式，获取更为广阔的声音。

2. 落实制度："四见面"重点提案协商办理机制通过前期下乡调研、提案选择、提案上报、提前交办、落实工作、现场答复、讨论修改、监督落实等多环节的操作，针对性、严肃性、全局性地把握本地的重点民生问题，调动了各方的积极性、主动性和创造性，对基层治理工作的稳步开展提供了一种实在的治理技术。② 而面对采用落实制度却情况不理想的境况下，则灵活地采用多次办理的技术道路，直到取得明显成效。如垃圾"处理难"问题在玉环县一直被社会高度关注，政协委员多次呼吁成效不明显。但将"建议尽快引进先进焚烧技术，从根本上解决我县垃圾'处理难'问题"连续两年被列为县政协"四见面"提案以后，得到县委、县政府高度重视。2012年玉环县迅速启动了垃圾焚烧发电厂工程建设，建立垃圾焚烧发电厂，采用先进技术进行无害化处理。2014年一年，成功解决全县28.9万吨的垃圾产量，输出7400多万度电。③ 再如交通行车方面问题的整改也是玉环县百姓多年期盼的一个焦点，调查员也是根据百姓的呼声先后多次提交《切实加大全县城镇交通管理力度的建议》《关于缓解行车难、停车难的几点建议》、《加强整治夜间行

① 黄振辉，王金红. 协商民主与中国地方治理创新[J]. 经济社会比较，2009(5).

② 调研资料整理所得。

③ 调研资料整理所得。

车滥用远光灯的提案》《关于严厉整治出租车乱停靠、乱行车等行为建议》等16个有关交通方面的提案，被予以重视，玉环县公安局、县城管执法局、住建规划局及交通运输局积极整改乱象行为，舒缓了玉环县交通拥堵和完善了行车秩序。

3.监督制度：地方治理的创新需要完善协商民主，其重点还在于提高协商民主运作过程的规范性，增强运作机制的系统性，改进操作技术的适用性，通过规则与机制的约束培养社会各方参与公共事务的良好习惯。一方面，政府出台政策处理矛盾，为百姓办实事，并通过惩奖结合的手段劝导及制约乱象行为，另一方面群众通过监督电话、网站提问、“回头看”受访等方式，监督政府部门的办理过程与结果，对其进行有效评价，也通过对周围群众的行为相互监督，提升问题解决速度。

（二）权威介入与透明服务，增强协商的公信度和影响力。

作为“四见面”交往理性构建的关键一环，政府与党委在参与四见面提案办理中在增强协商公信力方面发挥了强效作用，主要表现为其权威性主导力量的妥善运用。

1.制度的权威性

政协四见面重点提案办理工作是得到玉环县政府高度重视，开展调研并开会讨论后作出了实效工作制度。多年的实施过程中，县委通过《关于加快推进我县社会养老服务体系建设的意见》、《关于严格规范领导干部大操大办婚丧喜庆事宜的暂行规定》、《打击交通乱象行为系列规定》等一系列政策方案的出台及不断修订补充，奠定了本项工作的制度权威性。这在无形中帮助了它的开展，增强了执行的通畅性。

2.执行方的权威性

受政府授权，执行监督团队选用了带头人除了政协之外，还有不少是县委重要领导干部。由于多数提案在办理过程中涉及多个部门单位，难免会有协调和沟通上的阻力。而“四见面”由县领导亲自牵头协调，能够有效地运用其本身所属职权的能力提高督促组的威信力和震慑力，推进提案的办理质与速的落实。同时，在团队小组成员选择上，也是挑选有过此方面能力与相关工作经验人员，所以执行监管力度和能力配备上均具权威性和专业性。在实际提案办理落实中，各个不同类型的提案分别分派给与之相匹配的办理单位，各组人员进行专攻方向组合，各具不同领域的专业性，在一定程度上指导和帮助“四见面”提案办理机制的成长和优化，真正实现了有效地灵活执行，并有利于服务的专业性。在水污染治理中，制定县委领导人担任河长之职，发挥带头效应。

（三）明晰角色与构建共识，重塑个体化公共性。

玉环县政协“四见面”重点提案办理机制是一种重要的扩大有序政治参与的协商民主形式。在四个机制的运行中，政府赋予人民平等的机会接收各类信息，为村民提供表达偏好和了解乡村政治生活的渠道，大范围地解决了信息不对称的问题以及权力不对等关系。人民的民主参与意识也不断苏醒，更多的普通民众渴望进入公共领域，采用交往理性的思维，通过对话、讨论、辩论等形式，在互相尊重的基础上协商，促进形成影响治理和决策意志的非正式共识意见。同时，在接受讯息中被引导着重新思索和评估他人的观点，仔细考量哪些是自己应该优先考虑的，进而重新修正各自的偏好。① 在这一系列过程中，重塑个体的现代性公共价值，感知自我公共力量与身份，从而使漫散型权力内化于心，主动融入到社会决策与社会建设中。

(四)权力回归与有效履职，利于社会和谐共建。

玉环县政协"四见面"重点提案办理机制使权力回归于社会，通过平等介入机制较好地激发和提高了农村基层群众的民主参与意识，在一定程度上有效规避了违规上访等非制度参与形式，促进了人民的利益表达和利益实现，形成交往的社会整合力量，促进农村社会的稳定发展。同时也疏通了人民与政府的沟通渠道，减少政府政策下达到村级单位的阻力，有效提高政府履职能力，发挥政协参政优势。能够较好地拓展和深化村务公开和民主决策、民主管理和民主监督制度，并在此基础上增强乡村公共权力的合法性基础。②

参考文献

[1][德]尤尔根·哈贝马斯著.张博树译.交往与社会进化[M].重庆:重庆出版社,1990.

[2][德]尤尔根·哈贝马斯著.曹卫东译.交往行为理论(第一卷)[M].上海:上海人民出版社,2004.

[3]詹姆斯·博曼著.黄相怀译.公共协商:多元主义、复杂性与民主[M].北京:中央编译出版社,2006.

[4]吴兴智.公民参与、协商民主与乡村公共秩序的重构——基于浙江温岭协商式治理模式[D].浙江大学2008年硕士论文.

[5]韩冬梅.西方协商民主理论研究[M].北京:中国社会科学出版社,2008.

[6]何包钢.协商民主:理论、方法和实践[M].北京:中国社会科学出版社,2008.

[7]卡罗尔·佩特曼著.陈尧译.参与和民主理论[M].上海:上海人民出版社,2006.

[8]王继军,马晓云.哈贝马斯交往行动理论及其现代政治价值导向[J].求索,2013(7).

[9]陈家刚选编.协商民主[M].上海:上海三联书店,2004.

[10]何包钢,王春光.中国乡村协商民主:个案研究[J].社会学研究,2007,(3).

[11]吴兴智.协商民主与中国乡村治理[J].湖北社会科学,2010,(10).

[12]罗维,刘方方.近年来国内协商民主理论研究转向的综述[J].宁波大学学报,2012(7).

[13]曲延春.中国乡村治理中的协商民主:发展逻辑与推进对策[J].农村经济,2011(11).

[14]刘明君,武晓雅.基层群众自治中的协商民主探讨[J].三峡大学学报,2010(3).

① 罗维,孙翠.乡村治理中的协商民主:发展瓶颈及深化分析[J].农村经济,2013(8).

② 吴兴智.协商民主与中国乡村治理[J].湖北社会科学,2010(10).

2002—2018年玉环市(县)委党校集体荣誉一览表

附表1

年　度	荣誉称号	颁奖单位
2002	县先进党组织	中共玉环县委
2003	县先进党组织	
2007	县先进基层党组织(县委党校党支部)	
	生态县建设工作优秀部门	
2008	台州市党校系统科研工作优胜奖	中共台州市委党校
	县先进基层党组织(县委党校党支部)	中共玉环县委
	县文明单位	
2009	台州市党校系统党校工作创新奖	中共台州市委党校
	台州市党校系统首届教职工运动会拔河第五名	
	县先进基层党组织(县委党校党支部)	中共玉环县委
	创建县"人民满意机关"优胜单位	中共玉环县委 玉环县人民政府
2010	台州市党校系统科研优胜奖	中共台州市委党校
	台州市党校系统第二届教职工运动会拔河第四名	
2011	台州市文明单位	中共台州市委 台州市人民政府
	台州市党校系统党校工作创新奖	中共台州市委党校
	台州市党校系统第三届教职工运动会气排球第四名	
	台州市党校系统第三届教职工运动会团体总分第四名	
2012	台州市文明党校	中共台州市委
	台州市党校系统工作创新奖	中共台州市委党校
	台州市党校系统科研工作优胜奖	
	县"人民满意机关"评议优胜单位	中共玉环县委 玉环县人民政府
2012—2013	浙江省党校系统优秀科研工作组织奖	中共浙江省委党校
2014	全省党校系统先进集体	
	全省党校系统工作创新奖	
2014—2015	浙江省党校系统优秀科研工作组织奖	

续附表 1

年　　度	荣　誉　称　号	颁 奖 单 位
2015	台州市党校系统第七届教职工运动会拔河第二名	中共台州市委党校
	台州市党校系统第七届教职工运动会三人篮球第四名	
	台州市党校系统第七届教职工运动会团体总分第二名	
2016	县先进基层党组织(县委党校党支部)	中共玉环县委
2017	党建工作责任制考核优秀单位	中共玉环市委
2018	2018 台州经济与社会发展课题研究优秀团队组织奖	台州市经济信息研究会

1985—2018 年玉环市(县)委党校个人荣誉一览表

附表 2

年　　度	姓　名	荣　誉　称　号	颁 奖 单 位
1985	李一如	县优秀共产党员	中共玉环县委
1994	李一如	县先进工作者	中共玉环县委 玉环县人民政府
2005	孔金法	县先进工作者	
2006	耿礼文	县优秀共产党员	中共玉环县委
2007	耿礼文	县先进工作者	中共玉环县委 玉环县人民政府
2008	刘定洋	第五届浙江省党校系统优秀教师	中共浙江省委党校
2009	陈奇亮	台州市优秀宣讲员	中共台州市委宣传部
2010	耿礼文	台州市优秀党务工作者	中共台州市委
2011	陈时潘	台州市优秀宣讲员	中共台州市委宣传部
2013	刘定洋	县优秀党务工作者	中共玉环县委
	耿礼文	县实干论英雄先进个人	
2014	刘定洋	县优秀党务工作者	
	张　斌	公务员嘉奖	
	陈时潘	全省党校系统先进个人	中共浙江省委党校
2014—2015	林婷婷	全省党校系统科研管理个人奖	
2015	耿礼文	全省党校系统先进个人	
	张　斌	县实干论英雄先进个人	中共玉环县委
	耿礼文	公务员嘉奖	

续附表2

年　度	姓　名	荣　誉　称　号	颁奖单位
2016	陈时潘	全省党校系统先进个人	中共浙江省委党校
2017	盛性毅	全省党校系统先进个人	
	林婷婷	卓玉宝式好党员好干部	中共玉环市委
2018	盛性毅	公务员嘉奖	
	盛性毅	全省党校系统成绩突出个人	中共浙江省委党校

后　　记

《中共玉环市委党校志》为中共玉环市委党校组织编写的第一部部门志。自2017年12月启动，至2019年7月形成文字初稿，历时一年半时间。

本志分组织机构、队伍建设、干部培训、学历教育、科研咨政、基层宣讲、后勤保障7章23节及附录。但由于受第一轮县志修编的影响，1989年前县委党校档案不尽完善，给资料综合造成诸多不便，减缓了编写进度。因此，在编辑过程中，只能在现有资料的基础上进行整理和取舍。全书侧重1988年5月实行干部理论正规化教育后尤其是近阶段的成就展示，力求翔实反映党校发展变化的真实面貌。所采集的信息和统计数据以档案资料和相关史志为准，个别参考总结汇报和亲历者口述作相应调整。

在全书编辑过程中，得到党校系统上级领导的热情指导，得到兄弟县市区党校的真诚帮助，得到相关档案馆、党史资料室的通力合作，得到本级市委党校老领导、老同事的大力支持，在此一并表示衷心感谢！

由于档案不完善和编辑水平所限，再加上时间仓促，书中难免有疏漏和不足之处，敬请读者斧正。

编　者

2021年3月